십자가와 부활

THE GOSPEL PROJECT®

가스펠 프로젝트

신약 3

십자가와 부활

중고등부 교사용

지은이 · LifeWay Students
옮긴이 · 정복희
감수 · 김병훈, 류호성, 곽상학
초판 발행 · 2018년 10월 8일
2판 1쇄 발행 · 2024년 2월 21일
등록번호 · 제1988-000080호
등록된 곳 · 서울특별시 용산구 서빙고로65길 38
발행처 · 사단법인 두란노서원
영업부 · 02-2078-3352, 3452, 3781, 3752 FAX 080-749-3705
편집부 · 02-2078-3437
디자인 · 땅콩프레스

책값은 뒤표지에 있습니다.
ISBN 978-89-531-4680-8 04230 / 978-89-531-4671-6(세트)

가스펠 프로젝트 홈페이지 · gospelproject.co.kr
두란노몰 · mall.duranno.com

차례

3

Jesus Saves

발간사

두란노서원을 통해 라이프웨이(LifeWay)의《가스펠 프로젝트》성경 공부 교재 시리즈를 발간할 수 있도록 인도하신 하나님께 감사드립니다. 험한 소리로 가득한 세상에 이 책을 다릿돌처럼 놓습니다. 우리 삶은 말씀을 만난 소리로 풍성해져야 합니다. 주님을 만난 기쁨의 소리, 진실 앞에서 탄식하는 소리, 죄를 씻는 울음소리, 소망을 품은 기도 소리로 가득해야 합니다.

《가스펠 프로젝트》는 신구약을 관통하는 예수 그리스도의 복음을 발견하고, 그 가르침을 삶에 적용하는 지혜를 얻도록 기획한 성경 공부 교재입니다. 어린아이부터 어른에 이르기까지 생애주기에 따른 복음 메시지를 잘 배울 수 있습니다. 또한, 거짓 진리가 미혹하는 이 시대에 건강한 신학과 바른 교리로 말씀을 조명하여 성도의 신앙이 좌로나 우로나 치우치지 않도록 돕습니다.

두란노서원은 지금까지 "오직 성경, 복음 중심, 초교파적 관점"을 바탕으로 한국 교회와 성도를 꾸준히 섬겨 왔습니다. 오직 성경의 정신에 입각해 책과 잡지를 출판해 왔으며, 성경에 근거한 복음 중심의 신학을 포기한 적이 없습니다. 그리고 교단과 교파를 초월하여 교회와 성도가 하나님 나라를 바라볼 수 있도록 돕기 위해 노력해 왔습니다.《가스펠 프로젝트》는 두란노가 지켜 온 세 가지 가치를 충실하게 담은 책입니나.

성경은 구원을 위한 책이며, 구원사의 주인공은 예수 그리스도입니다. 창세기부터 요한계시록까지 오직 예수 그리스도의 복음만을 전하는《가스펠 프로젝트》성경 공부 교재를 통해 복음의 은혜와 진리를 깊이 경험하고, 복음 중심의 삶이 마음 판에 새겨지기를 바랍니다. 그리고 예수 그리스도 복음에 굳게 선 한 사람의 영향력이 가정과 교회와 사회에 흘러감으로써 거룩한 하나님 나라가 확산되어 가기를 소망합니다.

두란노서원 원장 이 형 기

감수사

두란노가 출간하는 《가스펠 프로젝트》는 무엇보다도 전통적으로 교회가 풀어 온 흐름을 충실히 따라 성경을 해설하고 있습니다. 그리고 그 방향은 궁극적으로 예수 그리스도를 향해 나아가고 있습니다. 이것은 예수님이 구약과 신약의 모든 성경이 자신을 가리키고 있다고 하신 말씀에 비추어 매우 타당한 것입니다. 게다가 그리스도 중심적 해설을 무리하게 전개하지 않습니다. 각 본문에서 하나님의 구원 언약과 그것을 실현하시는 하나님을 드러내면서, 그리스도의 예표적 설명이 가능한 사건을 놓치지 않고 풀어내고 있습니다.

성경 공부 교재는 명시적으로 혹은 암시적으로 제시하는 교리적 진술이 교리체계상 건전해야 합니다. 《가스펠 프로젝트》는 99개 조에 이르는 핵심 교리들을 일목요연하게 제시하여 교리의 건전성을 확인할 수 있도록 도움을 줍니다. 《가스펠 프로젝트》의 교리는 교파를 막론하고, 예수 그리스도의 복음에 충실한 복음주의 교회들에게 환영받을 만합니다. 물론 교파마다 약간의 이견을 갖는 부분들이 있을 수 있겠지만 각 교회에서 교재를 활용하는 데에 무리가 없을 것으로 판단합니다. 《가스펠 프로젝트》의 특징은 각 과에서 학습한 내용을 핵심 교리와 연결해 주며, 그 결과 그리스도의 복음에 관련한 교리적 이해를 강화시킨다는 데에 있습니다.

끝으로 《가스펠 프로젝트》는 어떤 성경 주해서나 교리 학습서가 갖지 못하는 훌륭한 장점을 가지고 있습니다. 그것은 학습자를 하나님과 그리스도의 복음 앞으로 나오도록 이끌며 자신의 신앙과 삶을 돌아보도록 하는 적용의 적실성과 훈련의 효과입니다. 아울러 선교적 안목을 열어 주는 적용 질문들을 더해 준 것은 《가스펠 프로젝트》에서 얻을 수 있는 커다란 유익입니다.

《가스펠 프로젝트》는 성경을 개괄적으로 매주 한 과씩, 3년의 기간 동안 일목요연하게, 그리고 그리스도 중심적으로 공부하도록 이끌어 준다는 점에서, 한국 교회의 기초를 성경 위에 놓는 일에 대단히 커다란 공헌을 할 것으로 믿어 의심치 않습니다.

김병훈 _ 합동신학대학원대학교 조직신학 교수

하나님의 말씀이 임하는 곳에는 회복의 역사가 있어서 죽은 뼈들도 힘줄이 생기고 살이 오릅니다(겔 37:8). 왜냐하면 하나님의 말씀은 그 자체에 능력이 있기 때문입니다(눅 1:37). 곧 하나님의 말씀은 살아 있고 활력이 있어 좌우에 날선 어떤 검보다도 예리하여 혼과 영과 및 관절과 골수를 찔러 쪼개기까지 하며 또 마음의 생각과 뜻을 판단합니다(히 4:12). 이렇게 하나님의 말씀이 왕성해지면 국가는 자연적으로 정의와 사랑이 넘쳐나며(렘 9:24), 교회는 제자의 수가 많아지는 놀라운 부흥을 경험합니다(행 6:7). 결국 하나님의 말씀이 흘러넘쳐 온 우주를 적실 때에 악한 세력들은 모두 물러가고, 새 하늘과 새 땅이 우리에게 다가올 것입니다.

이를 위해 작은 등불의 역할을 할 《가스펠 프로젝트》는 다음과 같은 특징이 있습니다. 첫째는 성경 전체를 '그리스도 중심'으로 바라본 것입니다. 오실 그리스도(구약)와 오신 그리스도 그리고 앞으로 다시 오실 그리스도(신약)의 관점에서 구약성경과 신약성경을 서로 연결시켰습니다. 그래서 구약성경을 단지 유대 민족의 역사서로 보는 편협함에서 벗어나, 그 속에 담긴 놀라운 하나님의 구원 역사를 보게 합니다. 둘째는 같은 본문으로 교회와 가정 그리고 전 연령층에서 그리스도의 사랑을 배우게 합니다. 이는 특히 가정에서 부모와 자녀가 서로 신앙적으로 소통할 기회를 제공하고 사랑과 정의를 실천하는 성숙한 그리스도인으로 성장하도록 이끌어 줍니다. 셋째는 신학적 주제와 기초 교리를 이해하기 쉽게 설명한 것입니다. 그래서 사이비 이단이 번져 가는 상황에서 매우 중요한 영적 분별력 향상에 도움을 줍니다. 넷째는 배운 것을 복음의 씨앗을 뿌리는 선교와 연결시키며 하나님이 주신 사명을 실천하도록 이끄는 것입니다. 이는 복음의 열정을 회복시켜 줍니다.

그러므로 모든 교단과 교파를 초월해서, 하나님의 섬세한 구원의 손길과 그리스도의 숭고한 십자가의 사랑 그리고 거룩함으로 인도하는 성령님의 인도하심을 배울 수 있을 것입니다. 그래서 《가스펠 프로젝트》를 통해 하나님의 말씀이 한반도에 흘러넘칠 뿐만 아니라, 복음의 열정을 품고 전 세계로 향하는 많은 전도자들을 세워 갈 것입니다.

류호성 _ 서울장신대학교 신약학 교수

일반적으로 교육의 3요소를 교육 주체인 교사, 교육 객체인 학생, 교육 내용인 교육 과정(curriculum)이라고 말합니다. 기독교 교육 또한 교회 학교 교사나 가정의 부모가 교육 주체가 되어 다음 세대인 청소년들에게 복음이 담긴 성경을 가르치는 것입니다. 교육 과정을 제외하고는 공교육과 기독교 교육이 본질적으로 다를 수 없는데, 시대의 요청이나 학습자의 역량에 따라 교육 과정이 바뀌는 공교육과 달리, 성경이라는 절대 진리가 교육 과정인 기독교 교육은 수요자 중심의 창의적 상호 작용 등 교육 방법론에 취약점을 보인 것이 사실입니다.

《가스펠 프로젝트》는 객관론적인 인식론에 근거한 프로젝트 수업을 염두에 두었기 때문에, 안내하고 조력하는 교사의 역할 수행과 자연스럽고도 적극적인 학생들의 반응이 만나 성경의 내용을 '지금 그리고 여기'를 사는 '나'와 접목시켜 진지하게 대면하게 합니다. 매 과마다 청소년 설교 제목과 같은 감각적인 제목으로 문을 열고 들어가 'HIS STORY'를 만나게 됩니다. 그뿐 아니라 '연대표', '알짬 교리 99' 등은 다소 지루할 수 있는 성경의 이야기를 청소년 특유의 감성으로 그들의 지적 호기심을 채워 주기에 충분합니다. 또한 '그리스도와의 연결'로 구속사적 흐름을 놓치지 않고 그리스도의 복음을 충실히 따르고 있습니다. 영원불변하는 하나님의 말씀이 21세기에 대한민국에서 살아가는 중학생, 고등학생의 실제 이야기로 잘 구현되도록 한 'YOUR STORY', 그리고 'HEAD'(생각)와 'HEART'(마음)가 어떻게 'HANDS'(행동)로 이어지는가에 대한 'YOUR MISSION'은 성경 공부의 매우 중요한 연결 고리가 될 것입니다.

《가스펠 프로젝트》는 그리스도 중심의 성경 공부 교재이자, 성경 전체를 꿰뚫는 복음의 알파와 오메가로서 이 시대에 새로운 기독교 교육의 이정표가 될 것을 확신합니다.

곽상학 _ 전 온누리교회 협동 목사

추천사

우리 시대의 전 세계적 교회 부흥은 두 가지 샘을 가지고 있습니다. 한 샘은 오순절 부흥 운동의 샘입니다. 이 샘으로 많은 시대의 목마른 영혼들이 목마름을 해갈했습니다. 또 하나의 샘은 성경 연구의 샘입니다. 남침례교 주일학교 운동은 이 샘의 개척자입니다. 이 샘으로 지금도 많은 성도가 목마름을 해갈하고 있습니다. 미국 남침례교 라이프웨이 출판사는 이러한 사역을 충실히 감당해 왔습니다. 《가스펠 프로젝트》는 모든 필요를 공급하는 원천이 될 것입니다. 《가스펠 프로젝트》로 한국 교회의 목마름이 해갈되기를 기도합니다. 《가스펠 프로젝트》는 쉬우면서도 결코 피상적이지 않습니다. 믿음의 단계를 따라 하나님의 자녀들에게 꼭 필요한 복음의 진수를 맛보게 해 줄 것입니다. 이 체계적인 교재로 이 땅에 새로운 영적 르네상스가 일어나기를 기대합니다.

이동원 _ 지구촌교회 원로목사, 지구촌 미니스트리 네트워크 대표

성경은 그 깊이와 너비를 측량하기 어려운 광활한 바다입니다. 이 바다를 무턱 대고 항해하다 보면 장구한 역사의 파도와 다양한 문학 양식이라는 바람에 의해 표류하기 쉽습니다. 그런 점에서 《가스펠 프로젝트》는 참 훌륭한 나침반입니다. 건전한 교리를 바탕으로 성경 어디에서나 그리스도를 발견하도록 돕고, 복음이라는 항구에 이르도록 이끌어 줍니다. 구약시리즈뿐 아니라 신약시리즈 역시 말씀의 바다를 항해하는 모든 분들에게 큰 유익을 줄 것입니다. 기쁜 마음으로 추천합니다.

허요환 _ 안산제일교회 담임목사

성경은 예수 그리스도를 중심으로 하는 하나님의 구원 이야기입니다. 성경을 가르치는 일은 하나님의 구원에 동참하는 하나님의 사람을 만드는 일이며, 하나님의 사람의 탁월한 모델은 바로 예수 그리스도입니다. 《가스펠 프로젝트》는 예수 그리스도를 중심으로 성경을 배웁니다. 성경이 어떻게 그리스도와 연결되어 있는지, 또 성도의 삶이 그리스도를 중심으로 하는 하나님의 구원 계획에 어떻게 연결되어야 하는지 구체적으로 제시합니다.

특히 《가스펠 프로젝트》는 하나의 본문을 각 연령에 맞게 구성한 교재를 제공해 하나의 본문으로 전 세대를 연결하고, 가정과 교회를 하나 되게 합니다. 신앙의 전수가 중요한 시대에 성도와 교회와 가정이 한마음으로 다음 세대를 준비시키기에 적합합니다. 특히 가정에서 부모가 자녀와 말씀으로 대화를 나눌 수 있게 해 자녀 신앙 교육에 도움이 될 것입니다.

《가스펠 프로젝트》가 주일학교부터 장년에 이르기까지 전 교회와 성도의 각 가정에서 사용되어 예수 그리스도를 통한 하나님의 가스펠 프로젝트가 성취되기를 기도하면서 기쁨과 확신으로 추천합니다.

이재훈 _ 온누리교회 담임 목사

《가스펠 프로젝트》는 성경을 예수 그리스도 중심으로 심도 있게 살피도록 도우면서, 또한 그것을 이야기 형식으로 제시하며 실질적으로 적용하도록 이끄는 탁월함이 보입니다. 이는 청소년들이 자연스럽게 주변 또래들에게 자신이 경험한 예수 그리스도와 복음에 대해 나눌 수 있게 합니다.

왕동식 _ 서울YFC(십대선교회) 대표, 청소년사역자협의회 회장

《가스펠 프로젝트》는 복음주의적인 관점에서 성경을 이해하며 성경적 가치관을 형성하는 데에 큰 도움을 줍니다. 특히 예수 그리스도를 모든 과에서 그 중심에 두어 구속사적으로 이해할 수 있도록 돕습니다. 또한 각 과별 주제도 친근할 뿐 아니라 다음 세대의 눈높이에 맞추고 있어서 적극 추천합니다.

황성건 _ (사)청소년선교횃불 대표, 소금과빛 국제학교 운영 이사

《가스펠 프로젝트》는 하나님의 말씀으로 우리를 초청해서 예수 그리스도를 만나게 하고 사랑하게 만드는 훌륭한 교재입니다. 자녀들이 교회 학교에서, 부모들이 소그룹에서 말씀을 공부한 후에 저녁 식탁에 둘러앉아 예수님에 대해 함께 나눌 수 있다는 것은, 상상만 해도 너무나도 멋지고 복된 일입니다.

김지철 _ 전 소망교회 담임 목사

《가스펠 프로젝트》를 펼치는 순간 가슴이 뛰었습니다. 이 시대를 살아가는 모든 그리스도인에게 꼭 필요한 성경의 핵심적 내용을 쉬우면서도 흥미로운 설명으로 펼쳐 내면서 성경을 깊이 알아 가는 기쁨과 구체적인 적용을 돕고 있기 때문입니다. 무엇보다도 가장 뛰어난 점은, 성경의 중심이 되는 예수님을 충실하게 드러낸다는 점입니다. 그러므로 복음 프로젝트를 성실하게 따라가다 보면 예수님을 통해 완성하시는 하나님의 구원 역사 프로젝트가 드러날 것이고, 나아가 하나님 나라가 우리 삶에 한층 가까워질 것입니다. 이 시리즈를 통해 체계적인 '가정 제자 훈련'과 '성경 공부'를 정착시키는 가운데 한국 교회와 이민 교회에 거룩한 부흥의 불길이 일어나길 기대합니다.

류응렬 _ 와싱톤중앙장로교회 담임 목사, 고든콘웰신학대학원 객원 교수

성경이 가르치는 구원의 도리인 교리를 성경 본문을 통해 배우기가 쉽지 않기 때문에 좋은 안내서가 필요합니다. 《가스펠 프로젝트》는 이와 같은 역할을 탁월하게 수행하고 있기 때문에 기쁜 마음으로 추천합니다.

이성호 _ 고려신학대학원 역사신학 교수

사역 현장에서는 하나님의 말씀을 효율적으로 가르칠 수 있는 좋은 방법과 교재에 늘 목말라 합니다. 그런 점에서 그 필요를 잘 충족해 줄 교재가 출간되어 기쁜 마음으로 추천합니다.

김운용 _ 장로회신학대학교 실천신학 교수

일러두기

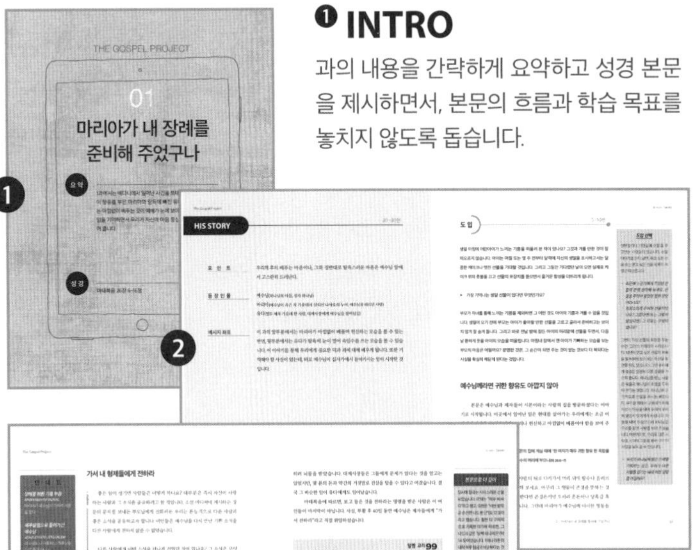

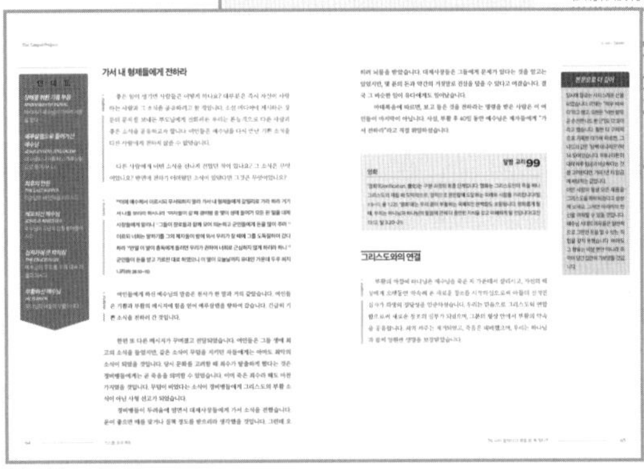

❶ INTRO

과의 내용을 간략하게 요약하고 성경 본문을 제시하면서, 본문의 흐름과 학습 목표를 놓치지 않도록 돕습니다.

❷ HIS STORY

하나님의 구속사에 초점을 맞춰 성경을 이해하도록 하며, 다음과 같은 특징이 있습니다.

* **students** 왼편에 'students' 글씨와 함께 회색 세로줄이 있는 단락은 학생용 교재와 동일한 부분입니다. 학생용 교재의 모든 내용이 교사용에도 실려 있습니다.
* **연대표** 성경을 시간 순으로 이해하도록 살피는 표로, 학생용 교재에서는 그림도 함께 제공합니다.
* **본문으로 더 깊이** 이야기 속으로 더 깊이 들어가도록 돕는 성경 주해입니다. 이 자료를 어떤 식으로 활용할 것인지는 교사의 재량에 달려 있으며, 참고만 해도 괜찮습니다.
* **알짬 교리 99** 매 과의 본문 내용과 관련된 기독교 핵심 교리입니다.
* **그리스도와의 연결** 각 과의 주제가 어떻게 예수 그리스도를 가리키며 연결되는지 살피는데, 이를 통해 모든 성경이 그리스도를 가리키고 있음을 강조해 줍니다.

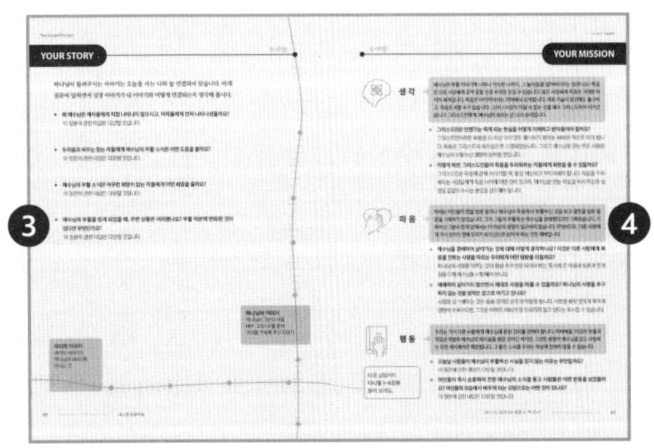

❸ YOUR STORY

하나님이 과거에 행하신 일을 오늘날과, 그리고 우리 자신과 연결하도록 돕는 토론 질문을 제시합니다. 매 질문마다 교사에게 주는 조언이 첨부되어 있습니다.

❹ YOUR MISSION

그리스도인으로서 어떻게 살아가야 할지 하나님의 이야기를 통해 생각하고 변화를 경험하도록 이끕니다. 단순한 성경 공부를 넘어 사명감을 가지고 이 세상을 살아가야 할 것을 강조하면서 하나님의 부르심에 참여하도록 돕습니다.

가스펠 프로젝트 홈페이지 자료실 gospelproject.co.kr에 있는 다양한 자료를 활용해 보세요.

- **십대와 나누는 믿음의 대화** 학생들과 폭넓게 나눌 수 있도록 본문의 요점, 질문, 명언을 제시합니다.
- **교사 지도 가이드** 교사에게 필요한 본문에 대한 설명과 지도 방향 등을 동영상으로 제공합니다.
- **가족성경읽기표** 본문에도 나오는 연대기적 성경 통독 일정이, 온가족이 보기 좋게 정리되어 있습니다.

교사 지도 가이드

01

마리아가 내 장례를 준비해 주었구나

요 약

1과에서는 베다니에서 일어난 사건을 토대로 예수님께 아낌없이 향유를 부은 마리아와 탐욕에 빠진 유다를 대조합니다. 이는 아낌없이 베푸는 것이 예배가 눈에 보이도록 드러내 주는 것임을 기억하면서 우리가 자신의 마음 중심을 살펴보도록 이끌어 줍니다.

성 경

마태복음 26장 6~16절

HIS STORY

20~30분

포 인 트

우리의 후히 베푸는 마음이나, 그와 정반대로 탐욕스러운 마음은 예수님 앞에서 고스란히 드러난다.

등 장 인 물

예수님(하나님의 아들, 성자 하나님)

마리아(예수님이 죽은 자 가운데서 살리신 나사로의 누이, 예수님을 따르던 사람)

유다(열두 제자 가운데 한 사람, 대제사장에게 예수님을 팔아넘김)

메시지 좌표

이 과의 앞부분에서는 마리아가 아낌없이 베풀며 헌신하는 모습을 볼 수 있는 반면, 뒷부분에서는 유다가 탐욕에 눈이 멀어 속임수를 쓰는 모습을 볼 수 있습니다. 이 이야기를 통해 우리에게 중요한 덕과 죄에 대해 배우게 됩니다. 또한 기억해야 할 사실이 있는데, 바로 예수님이 십자가에서 돌아가시는 일이 시작된 것입니다.

도 입

5~10분

생일 아침에 어린아이가 느끼는 기쁨을 떠올려 본 적이 있나요? 그것과 겨룰 만한 것이 잘 떠오르지 않습니다. 아이는 며칠 또는 몇 주 전부터 달력에 자신의 생일을 표시하고서는 달콤한 케이크나 멋진 선물을 기대할 것입니다. 그리고 그동안 기다렸던 날이 오면 실제로 케이크 위의 촛불을 끄고 선물의 포장지를 뜯으면서 즐거운 함성을 터뜨리게 됩니다.

▸ 가장 기억나는 생일 선물이 있다면 무엇인가요?

부모가 자녀를 통해 느끼는 기쁨을 제외하면 그 어떤 것도 아이의 기쁨과 겨룰 수 없을 것입니다. 생일이 오기 전에 부모는 아이가 좋아할 만한 선물을 고르고 골라서 준비하고는 보이지 않게 잘 숨겨 둡니다. 그리고 바로 전날 밤에 잠든 아이의 머리맡에 선물을 두면서, 다음 날 환하게 웃을 아이의 모습을 떠올립니다. 마침내 잠에서 깬 아이가 기뻐하는 모습을 보는 부모의 마음은 어떨까요? 분명한 것은, 그 순간이 되면 주는 것이 받는 것보다 더 복되다는 사실을 확실히 깨닫게 된다는 것입니다.

예수님께라면 귀한 향유도 아깝지 않아

본문은 예수님과 제자들이 시몬이라는 사람의 집을 방문하셨다는 이야기로 시작됩니다. 이곳에서 일어난 일은 현대를 살아가는 우리에게는 조금 이상하게 다가올 수 있습니다. 그러나 헌신하고 아낌없이 베풀어야 함을 보여 주는 사건임을 곧 깨닫게 됩니다.

students

> 6예수께서 베다니 나병 환자 시몬의 집에 계실 때에 7한 여자가 매우 귀한 향유 한 옥합을 가지고 나아와서 식사하시는 예수의 머리에 부으니(마 26:6~7)

students

누군가가 살금살금 어떤 사람의 뒤로 다가가서 머리 위에 향수나 올리브유를 병째 붓는 모습을 상상해 보세요. 아무리 그 행동이 존경을 뜻하는 것이라 할지라도, 막상 그걸 당한다면 존경은커녕 오히려 혼돈이나 당혹감 혹은 굴욕감을 느끼게 될 것입니다. 그런데 마리아가 예수님께 이러한 행동을

도입 선택

성탄절이나 기념일에 선물을 주고받는 사람들이 있습니다. 선물 이야기를 듣다 보면, 주고 싶은 선물 또는 받고 싶은 선물 목록이 저절로 떠오릅니다.

- *최근에 누군가에게 주었던 선물에 관해 생각해 보세요. 선물을 주어서 좋았던 점은 무엇이었나요?*
- *정성스럽게 준비한 선물이었나요? 그랬다면(또는 그렇지 않았다면) 그 이유는 무엇이었나요?*

그런데 막상 선물의 포장을 푸는 순간, 그간의 기대감이 사라집니다. 내년에 받고 싶은 선물의 목록을 벌써부터 생각하는 자신을 발견할 때도 있습니다. 그런 우리에게 성경은 완전히 다른 관점을 가르쳐 줍니다. 하나님을 믿는 사람은 복음과 하나님께 초점을 두어야 한다는 것입니다. 하나님은 궁극적으로 선물을 주시는 분입니다. 우리를 죄에서 구원하기 위해 자신의 아들을 내어 주셔서 우리와 영원히 함께하게 하십니다. 아들을 내어 주심으로써 하나님은 우리를 향한 사랑을 보여 주셨습니다. 마찬가지로, 우리도 다른 사람을 섬기며 그들을 향한 우리의 사랑을 보여 줄 수 있습니다.

- *우리가 하나님께 받은 은혜를 기억하는 것은, 우리가 다른 사람을 섬기는 데에 어떤 영향을 미칠까요?*

연 대 표

장례를 위한 기름 부음
ANOINTED FOR BURIAL
마리아가 예수님의 머리에 기름을 붓다.

예루살렘으로 들어가신 예수님
JESUS ENTERS JERUSALEM
예수님이 나귀를 타고 예루살렘으로 들어가시다.

최후의 만찬
THE LAST SUPPER
예수님이 새 언약을 세우시다.

체포되신 예수님
JESUS IS ARRESTED
예수님이 고난의 잔을 받아들이시다.

십자가에 못 박히심
THE CRUCIFIXION
예수님이 우리를 위해 대속 제물이 되시다.

부활하신 예수님
HE IS RISEN
하나님의 아들이 부활하시다.

했습니다. 사랑하는 마음이 있었기 때문에 귀한 향유를 그분께 드렸습니다. 단순하면서도 장엄한 이 행동으로 그녀는 다가오는 예수님의 죽음, 즉 장례를 준비했습니다.

마리아가 예수님께 향기로운 냄새가 나는 기름인 향유를 부은 것처럼, 성경에서는 다양한 목적으로 기름을 사용했습니다. 이스라엘 사람들은 이스라엘의 공적인 직무를 맡은 사람에게 또는 권위를 확정하기 위한 상징으로 기름을 붓는 것에 익숙했습니다. 예를 들면 제사장(출 29:7), 왕(삼상 10장), 예언자(왕상 19:16) 등이 기름 부음을 받았습니다. 또한 성막과 그 안에 있는 모든 것에 관유를 바른 것에서 볼 수 있듯이(출 40:9) 특정한 물건에도 기름을 부었습니다. 즉 기름을 붓는 행동에는 하나님께 헌신된 사람이나 물건을 구별하는 의미가 있었습니다.

본문에서 예수님은 기름 부음을 받으셨습니다. 앞으로 살펴보겠지만 이 일은 예수님께 일어날 죽음과 장례를 예비하는 것이었습니다.

마리아가 품은 본래 의도가 무엇인지를 파악하기가 쉽지 않습니다. 그녀는 그런 헌신적 행위를 통해 예수님이 그리스도, 곧 '하나님이 기름 부으신' 분임을 믿는다고 표현한 것일까요? 그녀는 죽음을 헤치고 나아가야 하는 메시아의 사명을 진정으로 이해한, 복음서에 나오는 사람들 가운데 첫 번째 사람이었을까요? 마리아가 자신의 행동이 의미하는 바를 처음부터 알았는지 여부를 떠나서, 예수님은 그녀의 행동이 현재를 넘어 미래로 향하는 것을 분명히 보셨습니다. 이 단순하고 장엄한 행동을 통해 마리아는 다가오는 예수님의 장례를 준비했습니다.

students

마리아가 예수님께 비싼(귀한) 향유를 가져온 이유는 무엇일까요?

다른 사람에게 자신이 가진 가장 좋은 것을 주었던 적이 있나요?

> 영원한 것을 얻기 위해 간직할 수 없는 것을 버리는 자는 어리석은 자가 아닙니다.
> 짐 엘리어트 Jim Elliot

네가 한 일을 오래도록 기억하리라

19세기 초 미국에서는 독립선언문의 희귀 복사본이 3달러 미만에 팔렸습니다. 하지만 나중에는 50만 달러가 넘는 가격에 재판매되었다고 합니다. 앤디 워홀이 그린 스케치 역시 처음에는 겨우 5달러에 팔렸다가, 2백만 달러로 재평가되었습니다. 중국 송나라 도자기는 3달러에 팔리던 것이, 결국 2백만 달러 이상의 값으로 팔렸습니다.

이처럼 어떤 사람의 하찮은 소유물이 한순간에 보물이 된 극적인 이야기를 듣게 되면 경탄할 수밖에 없습니다. 그러면서 쥐꼬리만 한 돈을 받고 행운을 팔아 버린 사람을 비웃게 됩니다. 그리스도께 값비싼 향유를 부은 마리아에게 보인 제자들의 반응은 바로 그런 생각에서 비롯되었습니다.

students

[8]제자들이 보고 분개하여 이르되 무슨 의도로 이것을 허비하느냐 [9]이것을 비싼 값에 팔아 가난한 자들에게 줄 수 있었겠도다 하거늘 [10]예수께서 아시고 그들에게 이르시되 너희가 어찌하여 이 여자를 괴롭게 하느냐 그가 내게 좋은 일을 하였느니라 [11]가난한 자들은 항상 너희와 함께 있거니와 나는 항상 함께 있지 아니하리라 [12]이 여자가 내 몸에 이 향유를 부은 것은 내 장례를 위하여 함이니라 [13]내가 진실로 너희에게 이르노니 온 천하에 어디서든지 이 복음이 전파되는 곳에서는 이 여자가 행한 일도 말하여 그를 기억하리라 하시니라 (마 26:8~13)

students

향유에 대해 마태는 비싸다고 했고, 마가와 요한은 (1년 치 품삯 정도에 해당하는) 3백 데나리온의 가치가 있다고 했습니다(막 14:3, 5; 요 12:3, 5). 제자들이 보기에는 그런 향유를 예수님의 머리에 병째로 부어야 할 이유가 없었습니다. 지금 누군가가 지폐 5천만 원을 불에 태운다고 상상해 보세요. 그러면 제자들이 느꼈을 혼란을 이해할 수 있을 것입니다. 제자들은 마리아의 행동을 비난하며 그녀를 괴롭혔습니다. 그리스도의 장례를 준비하는 사랑과 헌신이라는 의미를 놓치고 있었기에 그들은 마리아가 예수님께 드린 귀한 선물이 그저 낭비일 뿐이라고 여겼습니다. 이로 인해 비록 그들에게 그럴 의도가 없었을지라도 그들은 예수님과 장차 있을 그분의 죽음과 부활을 모욕하고 말았습니다.

본문으로 더 깊이

당시에 향유는 사치스러운 선물이었습니다. 마태는 "매우 비싸다"라고 했고, 요한은 "비싼 향유 곧 순전한 나드 한 근"(요 12:3)이라고 했습니다. 훨씬 더 구체적으로 기록한 마가에 따르면, 그 나드의 값은 "삼백 데나리온"(막 14:5)이었습니다. 1데나리온이 대략 하루 임금과 비슷하다는 것을 고려한다면, 거의 1년 치 임금에 해당하는 값입니다.

어떤 사람이 평생 모은 재물을 그리스도를 위해 바쳤다고 상상해 보세요. 그러면 마리아의 헌신을 이해할 수 있을 것입니다. 예수님 시대의 여자들은 일반적으로 그만한 돈을 벌 수 있는 직업을 갖지 못했습니다. 아마도 그 향유는 비쌀 뿐만 아니라 추억이 담긴 집안의 가보였을 것입니다.

물론 제자들이 보여 준 가난한 사람에 대한 열정은 귀합니다. 성경도 가난한 사람을 돌볼 것을 명했고, 사도들이 그러한 열망의 본이 되곤 했습니다.

가난한 사람을 돌보라고 명한 구절을 살펴봅시다.

- 잠언 22:9
- 잠언 21:13
- 요한일서 3:17
- 갈라디아서 2:10

▶ 가난한 사람을 돌볼 것을 명한 다른 성경 구절에는 어떤 것이 있을까요?

또한 성경을 보면, 모든 것에는 때가 있음을 알게 됩니다(전 3:1~8). 가난한 사람에게 기름을 나누어 줄 때가 있고, 그리스도께 헌신하기 위해 기름을 사용할 때가 있는 것입니다.

students

예수님은 자신의 장례를 위해 마리아가 좋은 일을 했다고 여기셨기 때문에 복음이 전파될 때 그 일도 함께 전해질 것이라고 말씀해 주셨습니다. 예수님을 향한 마리아의 온전한 헌신은 우리의 모범이 됩니다.

은 삼십이라면 예수님을 넘겨주겠어

마태복음 26장에는 예수님의 죽음을 준비하는 마리아의 관대하고 헌신적인 모습과는 정반대로, 탐욕에 빠져 예수님의 죽음을 멸시하고 배반하는 유다의 모습이 드러나기도 합니다.

> 자신의 백성과 교제하기 원하시는 하나님의 마음은 결코 변하지 않습니다.
> 다른 것을 향하는 그들의 사랑을 떼어다가 자신에게 붙이기 위해
> 하나님은 슬픔과 기쁨을 그들에게 보내십니다.
> 제임스 패커 J. I. Packer

students

[14]그때에 열둘 중의 하나인 가룟 유다라 하는 자가 대제사장들에게 가서 말하되 [15]내가 예
수를 너희에게 넘겨주리니 얼마나 주려느냐 하니 그들이 은 삼십을 달아 주거늘 [16]그가 그
때부터 예수를 넘겨줄 기회를 찾더라(마 26:14~16)

students

마태는 마리아가 예수님께 향유를 부은 이야기와 유다의 배반 이야기를 연결했습니다. 마태가 암시한 바는 요한복음에서 더욱 분명하게 드러났습니다. 요한복음 12장에서 유다는 마리아가 예수님께 향유를 부은 것을 강하게 비난했습니다. 마리아는 죄인을 용서하시는 예수님의 사랑에 감사했지만, 불행하게도 유다는 예수님이 아니라 돈을 사랑했습니다. 그는 대제사장에게 가서 대가를 요구하면서 자신의 동기를 드러냈습니다. 처음부터 종교적이거나 신학적인 관심이 없는, 단지 탐욕에 이끌린 사람이었습니다.

마리아와 유다의 모습은 서로 극명한 대조를 이루고 있습니다. 마리아는 죄를 용서하시는 예수님을 위해 기꺼이 재산을 버렸고, 유다는 재산을 얻기 위해 기꺼이 예수님을 버렸습니다.

유다와 예수님에게서도 우리는 극명하게 대조되는 모습을 볼 수 있습니다. 죄 용서에 관심이 없었던 유다는 자신의 유익을 위해 다른 사람을 희생시켰습니다. 반면에 죄를 용서하기 위해 오신 예수님은 다른 사람의 유익을 위해 자신을 희생하셨습니다.

마리아는 죄를 용서해 주심에 감사하며 자신이 가진 것 가운데 가장 값진 것을 드려 그리스도의 장례를 준비했습니다. 이처럼 우리도 죄를 용서해 주신 그리스도의 은혜에 감사하며 헌신하고자 노력합시다. 더 나아가, 우리를 탐욕과 욕망의 굴레로부터 해방시키기 위해 기꺼이 자신을 온전히 내어 주신 그리스도를 본받아 더 이상 죄에 종노릇하지 않고 그리스도를 닮아 가도록 노력합시다.

알짬 교리 **99**

희생 제물이신 그리스도

구약성경에는 세상 죄를 지고 희생하신 하나님의 어린양 그리스도를 예표하는 몇 가지 징조와 상징과 신호가 있습니다. 구약의 희생 제사에서는 제물로 죄를 없애지 못했습니다(히 10:4), 하지만 그리스도께서는 십자가에 달려 희생하심으로써 죄를 영원히 '단번에 모두' 없애셨습니다.

그리스도와의 연결

사람이란 복잡한 존재입니다. 누구나 그렇듯 우리도 한번쯤은 관대한 마음으로 남을 위해 헌신해서 큰 기쁨을 경험한 적이 있을 것입니다. 또한 도움을 바라는 요청에 콧방귀를 뀌면서 탐욕스레 행동한 적도 있을 것입니다. 문제는, 관대해야 할 순간에 탐욕이 추한 머리를 치켜든다는 것입니다. 자신이 가진 것을 자랑하기 위해, 자신이 후한 사람이라고 칭찬받기 위해 가난한 사람에게 나누어 줍니다. 또는 대가를 얻기 위해, 자신이 준 것보다 더 받고 싶어서 관대하게 베풀기도 합니다. 어떤 경우든 우리는 자신의 중심부터 살펴봐야 합니다.

이 과에서는 베다니에서 기름 부음을 받으신 예수님의 이야기 가운데 은혜에 감사하는 마리아의 관대한 모습과 은혜를 무시하는 유다의 탐욕스런 모습이 대조를 이루는 것을 볼 수 있었습니다. 이들 두 사람의 예는 눈에 보이는 예배 행위가 우리의 헌신이 드러나는 기회라는 사실을 감안하면서 우리의 동기를 살펴보게 합니다. 그러면 나눔과 탐욕이 복잡하게 얽히는 상황일지라도 자신의 마음이 분명히 드러나게 됩니다.

students

남에게 선대할지라도 그 동기가 칭찬을 받거나 어떤 대가를 얻으려는 것이라면, 그것은 탐욕보다 더 지독하다고 할 수 있습니다. 극악한 탐욕 때문에 너그러움을 잃어버린다면, 그것은 하나님의 부르심을 자신의 안락보다 못하게 여기는 마음을 드러냅니다. 또한 하나님보다 다른 것을 더 소중히 여기고, 그리스도의 영광보다 자신의 영광을 더 갈망한다는 것을 보여 줍니다.

성경은 하나님 백성의 특징을 "즐겨 내는 자"(고후 9:7)라고 분명하게 기록합니다. 가끔 우리의 마음이 선대와 탐욕으로 뒤죽박죽될 때가 있습니다. 그때도 성령의 권능은 우리로 하여금 회개하고 하나님께 영광을 돌리도록 합니다. 하나님은 넘치는 사랑으로 우리를 위해 그분의 아들을 내어 주셨습니다. 이와 같이 하나님은 그분의 백성이 예배하며 헌신을 행하도록 부르시고 이끌어 주십니다. 그러므로 우리는 구원자 예수님께 사랑과 헌신을 아낌없이 바치는 모범을 보여 준 마리아를 본받아야 할 것입니다.

5~10분

YOUR STORY

하나님이 들려주시는 이야기는 오늘을 사는 나와 늘 연결되어 있습니다. 아래 질문에 답하면서 성경 이야기가 내 이야기와 어떻게 연결되는지 생각해 봅시다.

▶ **다른 사람에게 친절을 베풀거나 정성을 담아 대접한 적이 있나요?**
이 질문에 관한 대답은 다양할 것입니다.

▶ **무엇이 나로 하여금 다른 사람에게 친절히 대하고 정성껏 대접하게 했나요?**
우리를 향한 하나님의 인자, 도움이 필요한 사람을 향한 연민, 다른 사람이 하나님 안에서 행복하기를 바라는 마음 등이 있을 것입니다.

▶ **자신이 탐욕스럽다고 느낀 적이 있다면 언제였나요?**
이 질문에 관한 대답은 다양할 것입니다.

▶ **하나님께 받은 것을 다른 사람에게 기꺼이 나누지 못하고 탐욕스럽게 되는 이유는 무엇일까요?**
근본적으로 우리 중심의 죄가 그 원인입니다. 죄 때문에 다른 사람을 사랑하기보다는 이 세상의 것을 더 사랑하게 됩니다. 그러므로 복음으로 변화된 마음만이 성경이 가르쳐 주는 선을 행할 수 있습니다.

하나님의 이야기
하나님이 그분의 아들
예수 그리스도를 통해
우리를 구속해 주신 이야기

우리의 이야기
우리의 이야기가
하나님의 이야기와
만나는 곳

YOUR MISSION

5~10분

생 각

만약 평생 저축한 돈을 어딘가에 투자한다고 생각해 봅시다. 과연 그 선택이 최상임을 어떻게 확신할 수 있을까요? 마리아는 친절과 헌신뿐 아니라 예수님에 대한 믿음과 확신을 드러냈습니다. 마리아는 예수님의 능력을 직접 목격했습니다(예수님이 나사로를 죽음에서 살려 주셨습니다). 그래서 마리아는 망설임 없이 드릴 수 있었습니다. 마리아는 자기가 드린 향유가 그것을 주신 분의 무한한 가치의 일부에 지나지 않는다는 것을 알았습니다.

- **하나님을 알고, 또한 그분이 행하신 일을 알 때 친절과 헌신을 행할 수 있는 이유는 무엇일까요?**
  하나님이 자신의 아들을 내어 주심으로써 우리에게 모범을 보이셨고(그렇게 하지 않으셔도 되는데), 매일 긍휼을 풍성하게 베풀어 주신다는(그렇게 할 의무가 없으신데) 사실이 다른 사람에게 관대하게 행하는 마음의 동기가 되어야 합니다.
- **친절과 헌신을 베풀 때 그 손길에 하나님께 감사하는 마음의 정도가 어떻게 드러날 수 있을까요?**
  사람은 하나님께 감사하는 만큼 베풀게 됩니다. 비록 조금일지라도 감사한다면 그만큼 너그러울 수 있고, 만약 넘치도록 감사한다면 그만큼 행동으로 드러낼 것입니다.

마 음

야고보서 4장 1~4절을 보면, 갈등과 싸움은 욕망에서 비롯됩니다. 유다는 돈을, 대제사장은 권력을 바랐습니다. 사람은 욕망에 이끌리는 피조물입니다. 탐욕과 갈망은 바람과 정욕에서 비롯됩니다. 무엇을 바라는 마음이 무조건 잘못되었거나 나쁘다는 것은 아니지만, 아무리 선한 바람도 욕망이 되면 그것은 우리의 정신을 산란하게 하고 우상의 자리에 서게 됩니다.

- **야고보가 말한 마음의 시험에 비추어 보면, 그날그날 바라는 것과 행동으로 옮기는 것이 마음의 욕망을 어떻게 보여 줄까요?**
  이 질문에 관한 대답은 다양할 것입니다.
- **다른 사람에게 베푸는 것으로, 과연 그가 무엇을 가치 있게 여기는지 알 수 있을까요?**
  이 질문에 관한 대답은 다양할 것입니다.

행 동

마리아가 예수님께 값비싼 향유를 부은 것은 나눔의 모범이며, 낭비가 아닌 예배입니다. 세상 기준으로 보면 그녀는 말이 안 되는 행위를 했습니다. 그러나 예수님은 마리아를 용납하셨고, 그녀가 예수님이 세상에서 가장 소중한 존재임을 보여 주었다고 알려 주셨습니다. 결국 예배하는 마음으로 후히 베푸는 것이야말로 참됨과 순수함을 드러내는 유일한 행위임을 알 수 있습니다. 이것을 충분히 그리고 분명히 알려 주셨습니다. 하나님은 재물보다 그리스도를 소중히 여기며, 예배라는 눈에 보이는 행동을 통해 헌신을 표현하라고 명하셨습니다.

- **헌신과 예배의 표현으로서 후히 베풀려면 어떤 단계를 밟게 될까요?**
  십일조를 열심히 낸다거나 다른 사람을 위해 시간과 재능을 쓸 수 있을 것입니다.
- **그리스도를 향한 우리의 사랑을 더 풍성하게 하려면 과연 어떻게 해야 할까요?**
  이 질문에 관한 대답은 다양할 것입니다.

다음 모임까지
에스겔 9~16장을
읽어 보세요.

02

예루살렘 성문을 열어라

요 약

이 과에서는 예수님이 십자가에 못 박히시기 일주일 전, 곧 예루살렘으로 들어가시던 날에 벌어진 세 가지 사건을 살펴볼 것입니다. 예수님은 나귀를 탄 겸손한 모습으로 예루살렘에 입성하셨음에도 불구하고 대단한 환호와 영광을 받으셨습니다. 예수님은 성전에서 예배를 드리는 자들로부터 이득을 취하는 장사꾼들을 내쫓으셨습니다. 그리고 다윗의 진정한 후손이신 예수님은 아이들이 찬양하도록 허락하시고 그것을 받으셨습니다. 이 사건들을 통해, 예수님은 자신의 백성을 구속하고 참된 예배를 회복하며 모든 찬양을 받으실 메시아를 소망하던 구약의 모든 기대와 열망을 성취하셨습니다.

성 경

마태복음 21장 1~17절

HIS STORY

20~30분

포 인 트

예수님은 참 예배를 회복하기 위해 오신 구원자이시다.

등 장 인 물

예수님(하나님의 아들, 성자 하나님)

메시지 좌표

그리스도께서 십자가에 못 박히시기까지의 마지막 주간을 '고난주간'이라고 합니다. 이때 예수님의 예루살렘 입성과 성전 정화 사건 등 몇 가지 주목할 만한 사건이 일어났습니다. 믿기 어려울 정도로 엄청난 구약의 예언이 유월절에 이르기까지 모두 이루어졌습니다.

도 입

5~10분

어떤 부모가 자녀에게 모든 시험에서 좋은 점수를 받으면 방학 때 멋진 곳으로 여행을 보내 주겠다는 약속을 했다고 상상해 보세요. 또한 매달 좋은 성적을 유지하면 그곳이 어디인지에 대한 힌트를 하나씩 주기로 했다고요. 만약 그 자녀가 공부에 집중한다면 좋은 성적을 얻을 것이고, 힌트를 얻을 때마다 여행에 대한 기대감으로 더욱 흥분하게 될 것입니다.

▶ 만약 부모님이 이런 약속을 해 주신다면 어디로 여행 가기를 바라나요?

부모가 다가올 일에 관한 힌트를 주는 것처럼, 하나님도 예언자를 통해 장차 일어날 일을 말씀해 주셨습니다. 이스라엘 백성은 하나님의 아들 메시아, 즉 그들의 왕을 만나게 되어 흥분했습니다. 오래전 예언에서 약속되었던 메시아께서 마침내 오셨습니다.

도입 선택

어릴 적에 했던 보물찾기나 숨바꼭질을 기억할 것입니다. 숨겨진 보물을 찾고 기뻐하거나, 숨어서 숨죽이며 술래의 동작을 지켜보았을 것입니다. 어릴 때 가졌던 이 기쁨을 지금도 누릴 수 있습니다. 성경을 연구하면 할수록, 좋으신 하나님 아버지께서 우리의 기쁨을 위해 일부러 숨겨 두신 보물을 더 많이 찾게 됩니다. 예수님이 구약의 희망과 열망과 기대를 어떻게 성취하시는지를 볼 때도 역시 마찬가지입니다. 우리는 마태복음 21장에서 메시아를 향한 구약의 예언과 갈망을 성취하신 예수님이라는, 바로 우리를 위해 숨겨진 보물을 발견하게 될 것입니다.

- *예수님이 성경의 예언을 성취하신 것을 생각할 때 연상되는 것은 무엇인가요?*

호산나, 나귀를 타고 오시네

마태복음, 마가복음, 누가복음은 기대감을 점점 높이며 예수님의 사역에 대해 소개합니다. 이 이야기의 주인공은 예루살렘에 입성하시는 예수님이시며, 이 일은 십자가의 죽음 바로 며칠 전에 일어났습니다. 무슨 일이 있었는지 함께 살펴봅시다.

students

1그들이 예루살렘에 가까이 가서 감람산 벳바게에 이르렀을 때에 예수께서 두 제자를 보
내시며 2이르시되 너희는 맞은편 마을로 가라 그리하면 곧 매인 나귀와 나귀 새끼가 함께
있는 것을 보리니 풀어 내게로 끌고 오라 3만일 누가 무슨 말을 하거든 주가 쓰시겠다 하라
그리하면 즉시 보내리라 하시니 4이는 선지자를 통하여 하신 말씀을 이루려 하심이라 일
렀으되 5시온 딸에게 이르기를 네 왕이 네게 임하나니 그는 겸손하여 나귀, 곧 멍에 메는
짐승의 새끼를 탔도다 하라 하였느니라 6제자들이 가서 예수께서 명하신 대로 하여 7나귀
와 나귀 새끼를 끌고 와서 자기들의 겉옷을 그 위에 얹으매 예수께서 그 위에 타시니 8무리
의 대다수는 그들의 겉옷을 길에 펴고 다른 이들은 나뭇가지를 베어 길에 펴고 9앞에서 가
고 뒤에서 따르는 무리가 소리 높여 이르되 호산나 다윗의 자손이여 찬송하리로다 주의
이름으로 오시는 이여 가장 높은 곳에서 호산나 하더라 10예수께서 예루살렘에 들어가시

연 대 표

예루살렘으로 들어가신 예수님
JESUS ENTERS JERUSALEM
예수님이 나귀를 타고 예루살렘으로 들어가시다.

최후의 만찬
THE LAST SUPPER
예수님이 새 언약을 세우시다.

체포되신 예수님
JESUS IS ARRESTED
예수님이 고난의 잔을 받아들이시다.

십자가에 못 박히심
THE CRUCIFIXION
예수님이 우리를 위해 대속 제물이 되시다.

부활하신 예수님
HE IS RISEN
하나님의 아들이 부활하시다.

뜨거워진 마음
HEARTS ON FIRE
모든 성경이 예수님을 가리키다.

니 온 성이 소동하여 이르되 이는 누구냐 하거늘 [11]무리가 이르되 갈릴리 나사렛에서 나온 선지자 예수라 하니라(마 21:1~11)

students

국가의 경축 행사나 외국 사절 환영을 위해 의장대가 음악을 연주하며 의식을 거행하고, 사람들은 길거리에서 손을 흔드는 모습을 본 적이 있을 것입니다. 마태복음 21장에서도 이와 같은 환호를 볼 수 있습니다.

예수님은 기름 부음을 받은 왕으로서 예루살렘에 입성하셨습니다. 이스라엘 백성들이 오랫동안 기다려 왔던 메시아께서 드디어 오신 것입니다. 그들이 겪었던 슬픔이 사라지고, 소망과 갈망이 바로 눈앞에서 성취되는 순간입니다. 메시아 입성의 중요성을 깨달은 무리가 나귀를 타고 예루살렘으로 들어오시는 왕 앞에 자신들의 겉옷과 종려나무 가지를 깔았습니다. 이것은 왕을 위한 최고의 대우였습니다. 그리고 그들은 외쳤습니다. "기름 부음 받은 왕이 오신다! 우리가 오랫동안 기다려 왔던 메시아께서 드디어 오셨다!"

본문에서 맨 처음 언급된 곳은 예루살렘에서 동쪽으로 약 1.5~3km 정도 떨어진 곳에 있는 벳바게입니다. 이곳은 사람들에게 잘 알려지지 않은 마을입니다. 에스겔의 예언에 비추어 볼 때, 예수님과 제자들이 동쪽에서 입성했다는 것에는 예언적인 의미가 있습니다. 에스겔 11장에서는 이스라엘의 불충에 대한 상징으로 주님의 영광이 성전을 떠나 산들을 지나 동쪽으로 갔습니다(겔 11:23). 그러나 에스겔 43장에서는 환상 중에 주님의 영광이 동쪽에서부터 다시 돌아왔습니다(겔 43:1~2).

예수님이 동쪽에서부터 기드론 골짜기를 지나 예루살렘으로 들어오고 계십니다. 예수님이 당장 하신 일이 무엇인가요? 그저 성전으로 곧장 들어가신 것입니다. 수백 년 동안 기다리며 갈망했던 일이 절정에 달한 것처럼 보입니다. 주님의 영광이 성전으로 돌아와 왕국을 회복하실 때가 된 것입니다.

> '호산나'는 유대인들이 마지막 때에 예루살렘으로 오는 메시아를 환영하기 위해 종려나무 가지를 흔들며 외쳤던 옛 히브리말로 '이제 우리를 구원하소서'라는 뜻입니다. 하나님 나라에서는 도움을 청하는 외침이 찬양 소리와 동일합니다.
> 앤드류 피터슨 Andrew Peterson

강도의 소굴로 만들다니!

그런데 예수님이 성전에 도착하시자 상상하기 어려운 일이 벌어졌습니다.

> students
>
> [12]예수께서 성전에 들어가사 성전 안에서 매매하는 모든 사람들을 내쫓으시며 돈 바꾸는 사람들의 상과 비둘기 파는 사람들의 의자를 둘러엎으시고 [13]그들에게 이르시되 기록된 바 내 집은 기도하는 집이라 일컬음을 받으리라 하였거늘 너희는 강도의 소굴을 만드는도다 하시니라(마 21:12~13)

> students
>
> 익숙한 예수님의 모습이 있습니다. 주로 무릎을 꿇은 아이들 옆에 앉아 계시거나, 양 한 마리를 품에 안고 계시거나, 낯선 사람을 안고 계시는 모습입니다. 그림 속 예수님은 항상 웃음을 띤 채 행복한 모습입니다. 예수님을 '행복한 히피족'처럼 보는 문화의 관점에서는 화를 내거나 슬퍼하시는 예수님의 모습이 정말 낯설 수밖에 없습니다.
>
> 이와 달리 성경은 고난받는 겸손하신 예수님을 보여 줍니다. 학교에 가기 싫거나 해야 할 일 때문에 불만을 품는 우리와 달리, 그리스도께서는 거룩해야 할 곳이 거룩하지 못해 불만을 드러내셨습니다. 성전에서 장사꾼을 몰아내실 때, 예수님은 공정 무역에 관한 비판이나 경제 정책에 관한 의견을 개진하지 않으셨습니다. 그 대신에 성전은 장사하는 곳이 아니며 또한 장사할 때가 아님을 선포하셨습니다. 사실, 예수님은 옷장을 정리하려면 서랍에서 옷을 다 꺼내야 하듯이 성전을 정화해야 함을 드러내시고자 그 표시로 성전을 뒤집어엎으셨던 것입니다.

성경은 성전에서 예수님이 보이신 행동에 숨겨진 감정적 동기를 명확히 드러내지 않았습니다. 하지만 예수님이 분노와 책망이라는 감정과 동기에서 행동하신 것만은 분명합니다. 예수님은 완전한 인간이시기에 인간의 모든 감정을 경험하셨습니다. 사람들을 불쌍히 여기셨고(막 8:2), 놀라기도 하셨습니다(마 8:10). 슬픔(마 26:38)이나 비애(요 11:33~35. 참조, 히 5:7)도 경험하셨습니다. 이러한 것은 운동 경기의 패배나 카드 청구서 때문에 분노하고 좌절하는 것과는 다릅니다. 그리스도의 분노는 거룩함에서 나온 것입니다. 그분의 이기적인 욕망 때문이 아니라, 하나님 아버지의 뜻대로 행하지 않는 우리의 모습 때문입니다.

예수님은 하나님 아버지께서 참된 예배자가 드리는 신령하고 진정한 예배를 찾으신다고 말씀하셨습니다(요 4:23~24). 예수님은 성전에서 아버지의 얼굴을 구하는 자들을 찾으셨습니다. 그런데 예수님이 성전에 들어서셨을 때, 그분의 기대와 전혀 다른 풍경이 그곳에 펼쳐져 있었습니다. 성전에서는 기도하기 위해 만민이 모이는 것이 아니라, 동전이 반짝이고 비둘기가 구구거리며 온갖 것이 거래되었습니다. 하나님의 영광과는 거리가 먼, 사람의 헛된 영광이 자리를 차지하고 있었습니다.

그러므로 예수님은 이때 환전상의 상뿐 아니라 사람들의 희망과 기대도 엎으셨습니다. 그리고 그 자리를 떠나셨습니다. 이것을 통해 예언이 아직은 성취되지 않았음을 알 수 있습니다. 하나님이 사람과 함께하시려면, 뭔가 다른 일이 일어나야 했습니다.

students

예수님의 행동에 놀랐나요? 또는 놀라지 않았나요?

이 일이 일어나는 동안 예수님과 함께 있거나 성전 안에 있었다면 나는 어떻게 반응했을까요?

아픈 자들아, 모두 내게로 오라

사람들은 세상이 자신을 중심으로 돌아가는 듯이 살아갑니다. 하지만 자신의 뜻대로 완전히 살 수 있다는 높은 기대를 할 수 있는 날이란 사실 손에 꼽을 정도로 적습니다. 생일이나 결혼식 날과 같은 경우를 제외하고는 자신의 마음대로 될 것이라는 기대조차 하기 어렵습니다.

예수님의 생애는 대부분 감추어져 있었습니다. 갈릴리 촌구석에서 평범한 목수로 사셨으니, 예수님을 중심으로 해서 그분 주위로 시간과 역사가 움직인다고 하는 것을 사람들은 상상할 수 없었습니다. 심지어 예수님은 무리를 대하여 사역하실 때, 마치 사명을 은밀히 숨겨야 하는 것처럼 신중하고도 주의 깊게 말씀하셨습니다. 하지만 예수님이 무리를 더 이상 조용히 시키지 않으시는 때가 드디어 왔습니다.

students

[14]맹인과 저는 자들이 성전에서 예수께 나아오매 고쳐 주시니 [15]대제사장들과 서기관들
이 예수께서 하시는 이상한 일과 또 성전에서 소리 질러 호산나 다윗의 자손이여 하는 어
린이들을 보고 노하여 [16]예수께 말하되 그들이 하는 말을 듣느냐 예수께서 이르시되 그렇
다 어린 아기와 젖먹이들의 입에서 나오는 찬미를 온전하게 하셨나이다 함을 너희가 읽
어 본 일이 없느냐 하시고 [17]그들을 떠나 성 밖으로 베다니에 가서 거기서 유하시니라(마
21:14~17)

students

장사꾼과 동물이 성전에서 쫓겨나자 상처받은 자, 버림받은 자, 상한 자가 성전에 들어오기 시작했습니다. 눈먼 자와 다리를 저는 자와 어린아이가 예수님의 말씀을 듣고 예수님을 만지기 위해 다가왔습니다. 예수님은 그들을 모두 치유해 주셨습니다. 성전은 주님을 향해 호산나를 외치는 아이들의 소리로 소란스러웠습니다.

그러는 동안, 이 모습을 조용히 지켜보는 사람들이 있었습니다. 그들은 마치 자신들의 권위와 영광이 예수님의 발밑에서 부서져 흩어지기라도 하는 듯이 경멸의 눈빛을 보냈습니다.

대제사장들과 서기관들은 비판적인 목소리를 냈습니다. "오로지 주의 영광을 위해 지어진 성전 한복판에서, 과연 이 사내가 찬양과 영광을 받고 있단 말인가?" 이는 적절하면서도 엄청난 질문이었습니다. 예수님이 아니라 다른 누군가였다면, 아마도 대제사장과 서기관의 분별력과 용기를 칭찬했을 것입니다. 그러나 예수님은 사기꾼이나 위선자가 아닙니다. 전형적인 성전 예배의 외관과 달리, 예수님은 신실함 그 자체이십니다. 예수님은 자신의 백성을 구속하러 오신 왕, 참된 예배를 회복하고 모든 찬양을 받기 위해 오신 왕이십니다. 홀로 예배받기에 합당하신 분입니다.

students

제사장과 서기관은 예수님을 어떻게 비난했나요?

예수님은 그들을 어떻게 대하셨나요?

알짬 교리 99

성령의 전

성령님은 개인적으로 또한 공동체적으로 교회 안에 거하십니다(고전 3:16~17; 12:13). 우리는 성령님이 거하시는 '성령의 전'으로서, 성령님의 역사로만 맺을 수 있는 유익한 열매를 맺으며 이전과 다른 삶을 삽니다(갈 5:22~23). 우리 안에 거하시는 이 성령님은 사명을 이루는 사역에 필요한 은사를 교회의 각 사람에게 제공하십니다(고전 12:11).

그리스도와의 연결

students

예수님은 나귀를 타고 예루살렘에 입성하심으로써 오실 메시아에 관한 구약의 예언을 성취하셨습니다. 예수님은 성전에서 장사꾼을 내쫓고, 상을 뒤집어엎으심으로써 탐욕을 위해 하나님의 집을 잘못 사용한 자에게 심판을 선포하셨습니다. 그러고 나서 예수님은 하나님 백성의 죄를 대신해, 파괴되고 다시 일으켜질 성전으로서 자신의 몸을 내어 주셨습니다.

> 주의 이름으로 그분이 오심을 열렬한 애정으로 즐거이 환호하십시오.
> 우리를 위로하기 위해, 그분의 영광을 위해 오시기 때문입니다.
> 우리는 그분에게서 복을 받았으니, 그분을 복되다고 말할 수 있을 것입니다.
> 우리를 은총으로 만나 주시니, 우리도 받은 복으로 그분을 따라갈 수 있을 것입니다.
> 매튜 헨리 Matthew Henry

5~10분

YOUR STORY

하나님이 들려주시는 이야기는 오늘을 사는 나와 늘 연결되어 있습니다. 아래 질문에 답하면서 성경 이야기가 내 이야기와 어떻게 연결되는지 생각해 봅시다.

▶ **왜 예언자들은 왕이신 메시아가 나귀를 타고 예루살렘으로 들어오신다고 예언했을까요? 이것으로 예수님의 겸손에 관해 무엇을 알 수 있나요?**
이 질문에 관한 답은 다양할 것입니다.

▶ **일반적인 분노와 거룩한 분노의 차이는 무엇일까요?**
우리가 경험하는 이기적이고 악의에 찬 분노와 인간의 죄에 대한 하나님의 거룩한 분노를 구별하는 것은 중요합니다. 물론 그리스도인으로서 우리는 죄에 대한 분노를 경험할 수 있습니다. 그러나 하나님의 분노와 달리 우리의 분노는 우리가 저지른 죄와 항상 비례하지 않는다는 사실을 깨닫는 것이 중요합니다. 하나님의 분노는 그분이 하나님이시라는 사실과 우리를 위해 하신 일로 인해 거룩하고 정당합니다.

▶ **예수님이 성전을 정결하게 하신 동기는 무엇일까요? 이것이 오늘날 우리에게 깨닫게 하는 바는 무엇인가요?**
예수님은 사람들 사이에서 일어나는 탐욕과 갈취를 보셨습니다. 예수님은 참 예배를 회복하고, 하나님의 집은 기도하는 곳이라는 사실을 사람들이 상기하기를 원하셨기에 돈을 바꾸는 사람들의 상을 뒤집어엎으셨습니다. 이것이 시사하는 바는, 하나님의 집은 기도를 위한 집이라는 사실에 주의를 더 기울여야 한다는 것입니다. 물론, 성전이 오로지 기도만을 위한 곳은 아닙니다. 하지만 예수님은 하나님의 집에서 기도하는 것의 중요성을 강조하셨습니다.

▶ **이 과에서 새롭게 배운 중요한 교훈은 무엇인가요?**
이 질문에 관한 대답은 다양할 것입니다.

하나님의 이야기
하나님이 그분의 아들
예수 그리스도를 통해
우리를 구속해 주신 이야기

우리의 이야기
우리의 이야기가
하나님의 이야기와
만나는 곳

YOUR MISSION

5~10분

생 각

예수님이 나귀를 탄 채로 예루살렘으로 들어오셨다는 것이 매우 중요합니다. 이것이 처음이 아님을 우리는 열왕기상 1장 32~35절을 보면 알 수 있습니다. 유대인의 왕이 노새를 타고 예루살렘으로 들어온 적이 있었기 때문입니다. 분열하기 전 이스라엘 왕국의 마지막 위대한 왕이었던 솔로몬이 노새를 탄 채로 예루살렘으로 들어왔습니다. 다윗의 아들이 왕으로서 기름 부음 받기 위해 노새를 타고 들어온 것입니다. 그러나 훗날, 더 위대한 다윗의 자손께서 영원히 다스리시기 위해 예루살렘으로 들어오셨습니다.

- **예수님이 구약의 예언을 성취하셨다는 사실이 중요한 이유는 무엇일까요?**
  예언은 예수님이야말로 하나님의 아들이라는 표징과 증거로서 우리의 유익을 위해 주어졌습니다.
- **예수님이 구약의 모든 예언을 성취하셨다는 것을 확신하나요?**
  이 질문에 관한 대답은 다양할 것입니다.

마 음

'호산나'의 복음은 그리스도께서 우리를 구원하려고 오셨음을 의미합니다. 예수님을 보고 듣고 만지기 위해 온 눈먼 자들과 저는 자들과 아이들처럼 우리도 치유를 받을 수 있습니다. 예수님은 신실함 그 자체이십니다. 불성실한 우리 마음속에 참 예배를 회복하기 위해 오신 왕이십니다. 그분은 차가운 마음이나 미지근한 마음을, 주님을 향한 뜨겁고 진정한 찬양으로 넘칠 수 있도록 바꿔 주실 수 있습니다.

- **그리스도 안에서 찬양으로 넘쳐나는 기쁨과 희망을 경험해 본 적이 있나요?**
  이 질문에 관한 대답은 다양할 것입니다.
- **찬양과 예배를 드리는 삶이란 무엇일까요?**
  찬양과 예배의 삶은 가시적이면서도 비가시적입니다. 예배는 마음속에서 시작하여 결국 예배자의 삶, 즉 말과 활동과 행동 등을 통해 겉으로 드러나기 때문입니다.

행 동

주님만이 주실 수 있는 구원에 대한 소식을 담대하고 자신 있게 다른 사람에게 전할 수 있는 것은 오로지 예수님이 우리를 위해 이루신 일에 근거합니다. 복음을 한 번도 들어보지 못한 사람이나 미지근한 예배로 어려움을 겪는 신자의 삶을 뒤집어엎어 변화시킬 수 있는 유일하신 분인 예수님을 전하는 것은 쉬운 일입니다.

- **하나님의 영광을 위하는 열망에 이끌려 본 적이 있나요?**
  이 질문에 관한 대답은 다양할 것입니다.
- **하나님의 영광에 이끌릴 때, 우리의 행동과 태도는 어떻게 변할까요?**
  이 질문에 관한 대답은 다양할 것입니다.

다음 모임까지
에스겔 17~24장을
읽어 보세요.

03

최후의 만찬이 될 줄이야

요 약

천 년이 넘도록 유월절의 식사는 하나님이 출애굽을 통해 자신의 백성을 구출하신 일을 축하하는 것이었습니다. 또한 앞으로 더 큰 희생이 있을 것과 하나님이 일하실 것을 의미합니다. 예수님은 세상 죄를 위하여 장차 십자가에 달리실 사실을 알리시며 유월절 식사를 재해석해 주셨습니다. 새 언약의 희생을 돌아보는 동시에 장차 다가올 나라에 대한 거룩한 기대를 암시하는 셀 수 없이 많은 성찬의 원형을 예수님이 권위와 겸손으로 보여 주신 것입니다.

성 경

마태복음 26장 26~30절; 요한복음 13장 1~15절

HIS STORY

20~30분

포 인 트

주의 만찬을 통해 죄에 대한 예수님의 희생이 강조되다.

등 장 인 물

예수님(하나님의 아들, 성자 하나님)

제자들(예수님이 그분의 사역에 동참하고 복음을 전하게 하려고 선택하신 사람들)

메시지 좌표

이 과의 이야기는 성경을 잘 모르는 사람도 많이 아는 최후의 만찬에 관한 것입니다. 모세와 이스라엘 백성이 출애굽을 할 때 일어났던 기적을 기억하는 유월절에 예수님은 제자들과 한자리에 모여 식사를 하셨습니다. 그리고 마침내 주님은 십자가에서 그분이 이루실 일에 대해 설명해 주셨습니다.

도 입

5~10분

15세기 후반에 레오나르도 다빈치가 그린 <최후의 만찬>은 상징성이 뛰어난 세계적인 작품 가운데 하나입니다. <최후의 만찬>은 <모나리자>와 시스티나 성당의 천장화를 비롯한 몇몇 작품들과 더불어 처음부터 예술계에서 관심의 초점이 되어 왔습니다.
밀라노에 있는 수도원의 벽에 걸린 그림의 식탁 중앙에 앉으신 예수님은 자신이 배반당할 것을 예언하는 바로 그 순간에 제자들에게 둘러싸여 계셨습니다. 신비롭고 장엄한 분위기로 유명한 이 벽화는 수년에 걸쳐 문화적으로 희화화되어 왔습니다. 이 작품은 관객의 뇌리에 아름답고도 깊은 인상을 남깁니다. 수천 년 동안 계속되어 온 유월절의 음식은 이 최후의 만찬을 향하는 것이었으며, 수천 년 동안 드린 성찬은 겸손한 섬김과 언약 제물과 하나님 나라를 되새겨 보게 합니다.

▶ 레오나르도 다빈치의 <최후의 만찬>이 유명해진 이유는 무엇일까요?

도입 선택

스포츠 팀마다 고유의 유니폼과 마스코트가 있습니다. 팀의 색깔이나 마스코트는 그 팀의 상징입니다. 팬들은 유니폼의 색깔과 팀을 연결해서 생각합니다. 그러나 사람들은 그 팀의 마스코트를 더 빨리 알아볼 것입니다.

- *가장 좋아하는 스포츠 팀이 있나요? 그 팀의 마스코트는 무엇인가요? 그 팀의 색깔은 무엇인가요?*

이보다 훨씬 더 의미 있는 방식으로, 주의 만찬은 우리를 위한 예수님의 희생을 나타냅니다. 예수님이 제자들과 함께하신 마지막 식사인 최후의 만찬은 우리를 위해 예수님이 십자가에서 고통당하고 피를 쏟고 죽게 되실 일을 나타냅니다. 그러므로 교회에서 성찬에 참여할 때, 예수님과 우리를 위한 그분의 희생을 기억해야 합니다.

어떻게 주님이 더러운 내 발을?

요한복음 13장을 자세히 살펴본 후 최후의 만찬 장면을 떠올려 봅시다.

students

1유월절 전에 예수께서 자기가 세상을 떠나 아버지께로 돌아가실 때가 이른 줄 아시고 세
상에 있는 자기 사람들을 사랑하시되 끝까지 사랑하시니라 2마귀가 벌써 시몬의 아들 가
룟 유다의 마음에 예수를 팔려는 생각을 넣었더라 3저녁 먹는 중 예수는 아버지께서 모든
것을 자기 손에 맡기신 것과 또 자기가 하나님께로부터 오셨다가 하나님께로 돌아가실 것
을 아시고 4저녁 잡수시던 자리에서 일어나 겉옷을 벗고 수건을 가져다가 허리에 두르시고
5이에 대야에 물을 떠서 제자들의 발을 씻으시고 그 두르신 수건으로 닦기를 시작하여 6시
몬 베드로에게 이르시니 베드로가 이르되 주여 주께서 내 발을 씻으시나이까 7예수께서
대답하여 이르시되 내가 하는 것을 네가 지금은 알지 못하나 이 후에는 알리라 8베드로가
이르되 내 발을 절대로 씻지 못하시리이다 예수께서 대답하시되 내가 너를 씻어 주지 아니
하면 네가 나와 상관이 없느니라 9시몬 베드로가 이르되 주여 내 발뿐 아니라 손과 머리도
씻어 주옵소서 10예수께서 이르시되 이미 목욕한 자는 발밖에 씻을 필요가 없느니라 온몸
이 깨끗하니라 너희가 깨끗하나 다는 아니니라 하시니 11이는 자기를 팔 자가 누구인지 아

연 대 표

최후의 만찬
THE LAST SUPPER
예수님이 새 언약을 세우시다.

체포되신 예수님
JESUS IS ARRESTED
예수님이 고난의 잔을 받아들이시다.

십자가에 못 박히심
THE CRUCIFIXION
예수님이 우리를 위해 대속 제물이 되시다.

부활하신 예수님
HE IS RISEN
하나님의 아들이 부활하시다.

뜨거워진 마음
HEARTS ON FIRE
모든 성경이 예수님을 가리키다.

제자들을 보내신 예수님
JESUS SENDS
제자들이 부활하신 예수님을 만나 평강을 누리다.

심이라 그러므로 다는 깨끗하지 아니하다 하시니라
12그들의 발을 씻으신 후에 옷을 입으시고 다시 앉아 그들에게 이르시되 내가 너희에게 행한 것을 너희가 아느냐
13너희가 나를 선생이라 또는 주라 하니 너희 말이 옳도다 내가 그러하다
14내가 주와 또는 선생이 되어 너희 발을 씻었으니 너희도 서로 발을 씻어 주는 것이 옳으니라
15내가 너희에게 행한 것같이 너희도 행하게 하려 하여 본을 보였노라(요 13:1~15)

students

예수님은 일평생 섬김의 본을 보이셨습니다. 기도하거나 하나님 아버지와 교제하기 위해 잠깐 쉬실 때를 빼면, 줄곧 무리와 제자들을 섬기셨습니다. 그 예수님의 위대한 계시가 최후의 만찬 때 있을지도 모릅니다. 종의 모습으로 오신 왕이 마지막에 이르러 종의 옷을 벗고 예복을 입은 채 왕좌에 앉아 사람들의 경배를 받으실지도 모릅니다. 무리와 제자들은 이러한 모습을 기대했을 수 있습니다. 그러나 왕이 예복을 벗은 채 무릎을 꿇고 섬김으로써 제자들을 충격에 빠뜨리셨습니다.

예수님의 생애는 섬김의 삶이었습니다. 이것이 예수님이 오신 이유입니다. 섬김은 예수님의 삶과 사역에서 부수적인 것이 아니라 예수님의 정체성과 하신 일의 핵심이었습니다.

students

예수님이 이처럼 섬기시게 된 동기는 무엇일까요? 특권이나 취향을 내려놓고 다른 사람을 섬기는 것은 어떤 마음일까요? 그것은 한마디로 겸손입니다. 그리스도의 섬김은 인색하거나 이기적이지 않고, 희생적입니다. 예수님은 자신의 백성의 필요를 보셨고, 그것에 응답하셨습니다.

제자들의 흙먼지 묻은 발을 씻기신 후, 예수님은 다시 식탁에 앉아 도전하며 명령하셨습니다. "내가 너희에게 행한 것같이 너희도 행하게 하려 하여 본을 보였노라"(요 13:15). 만왕의 왕께서 자신의 백성을 섬기시니, 그 종들은 얼마나 더 서로를 섬겨야 할까요?

당신은 섬기는 쪽인가요, 아니면 섬김을 받는 쪽인가요?

떡과 잔을 보고 기억하라

지금도 전 세계에서 예수 그리스도를 믿는 신실한 성도들이 성찬에 참여하고 있습니다. 집사, 장로 등 성도들이 성찬을 위한 떡과 잔을 나눌 때, 목회자는 마태복음 26장, 마가복음 14장, 누가복음 22장, 고린도전서 11장 등에 나오는 예수님의 말씀을 낭독합니다. 마태복음은 이렇게 기록했습니다.

students

> 26그들이 먹을 때에 예수께서 떡을 가지사 축복하시고 떼어 제자들에게 주시며 이르시되 받아서 먹으라 이것은 내 몸이니라 하시고 27또 잔을 가지사 감사 기도 하시고 그들에게 주시며 이르시되 너희가 다 이것을 마시라 28이것은 죄 사함을 얻게 하려고 많은 사람을 위하여 흘리는 바 나의 피 곧 언약의 피니라(마 26:26~28)

수천 년 동안, 하나님은 그분의 백성에게 희생 제물을 요구하셨습니다. 아담에서부터 노아와 아브라함과 다윗에 이르기까지 하나님의 백성은 희생을 드려 왔습니다. 그러나 하나님은 섬김을 받기보다 섬기기를 원하시는 분입니다. 하나님은 자신의 백성을 위해 최후의 제물이 되고자 늘 준비하셨습니다. 예수님은 섬김을 받기 위해서가 아니라 섬기고, 사람들을 위한 대속물로 자신의 생명을 내어 주려고 이 세상에 오셨습니다. 우리 죄를 위해 피를 흘리실 것입니다. 최후의 만찬은 이것을 표현한 것입니다.

다음을 생각해 보십시오. 태극기의 각 부분이나 전쟁 기념관 같은 곳에 쓰인 표시는 각각 어떤 중요한 것을 상징합니다. 그것은 국가나 희생이나 금지를 상징하기도 하고, 또한 그 목적과 의미에 관한 것을 알려 주기도 합니다. 모든 문화에는 그들의 집단의식에 내재된 이런 형태의 상징이 있습니다. 그것을 보고 확실한 무엇인가를 떠올릴 수도 있고, 어떤 경우에는 잘못 떠올릴 수도 있습니다.

> 우리는 돌아갈 곳도 없고, 사랑해 주고 돌봐주는 이도 없는 아프고 메마른 영혼에게
> 하나님의 긍휼하신 사랑을 부어 줌으로써 하나님 아버지의 사역을 해야 합니다.
> 그들에게 우리 안에 계신 예수님을 보여 주십시오. 그것이 바로 살아 있는 간증입니다.
> 빌리 그레이엄 Billy Graham

students

떡을 떼고 잔을 들어 올리실 때 예수님은 하나의 새로운 현실을 그림으로 보여 주셨습니다. 그것은 땅과 하늘 사이에 몸이 매달리고 상처에서 피가 흘러나오는 사건을 시각적으로 정교하게 묘사한 것입니다. 떡을 떼듯이, 예수님의 몸이 부서졌습니다. 잔을 마시듯이, 예수님의 피가 쏟아졌습니다. 지금도 우리는 예수님이 우리를 위해 희생하신 것을 기억하기 위해 성찬에 참여합니다(고전 11:17~26). 예수님이 제정하신 성찬은 사람들이 세운 상징물과는 다른 점이 있습니다. 사람이 세운 상징물은 상징하는 것을 단순히 가리킬 뿐입니다. 그러나 예수님의 성찬은 각각 그분의 몸과 피를 가리킬 뿐만 아니라 떡과 포도주에 그리스도의 몸과 피가 영적으로 함께합니다.

그날이 오면 너희와 함께 마시리라

인내는 자연스럽게 오지 않습니다. 어서 와서 자신을 맛보라는 듯 접시 위의 음식이 맛있는 냄새를 풍기며 손짓합니다. 파티가 시작될 시간은 아직 멀었는데 참을 수 없을 만큼 맛있게 보이는 디저트가 연신 유혹하기도 합니다. 기술 발전은 사람들로 하여금 기다리는 동안 온전히 인내하지 못하게끔 만들고 말았습니다. 피자를 주문하거나 냉동식품을 전자레인지에 데울 수 있는데 사람들이 장을 보고 정성스레 식사 준비를 하려 할까요? 요즘도 시간을 들여 편지를 쓰거나 우편물을 기다리는 사람이 있을까요? 휴대 전화로 간단히 문자를 주고받으면 되는데 장문의 메일을 이용하는 사람이 있을까요?

기독교 신앙에는 기다림과 기대에 관련된 중요한 그 무엇인가가 내재되어 있습니다. 성찬에 관한 이야기에서 볼 수 있듯이 인내와 기다림은 매우 중요합니다.

students

29그러나 너희에게 이르노니 내가 포도나무에서 난 것을 이제부터 내 아버지의 나라에서 새것으로 너희와 함께 마시는 날까지 마시지 아니하리라 하시니라 30이에 그들이 찬미하고 감람산으로 나아가니라(마 26:29~30)

students

작은 다락방에서 예수님은 제자들과 마지막 유월절 식사를 하셨습니다. 그곳에서 예수님이 들려주신 말씀은 참으로 아름다운 약속이었습니다. 예수님은 포도나무에서 난 것을 이제 마시지 못하실 테지만, 제자들과 함께 아버지 나라에 들어가 그들과 함께 다시 마시게 되실 것입니다. 인내는 자연스럽게 오는 것이 아니라 학습을 통해 얻는 미덕입니다. 수천 년간 이스라엘은 그 나라를 기다려 왔습니다. 예수님은 그 나라가 오는 것에 관해 말씀해 주셨고, 사랑하는 제자들이 그 기쁨에 참여하게 될 것을 약속해 주셨습니다(유다는 이미 그의 악한 사명을 위해 떠났습니다).

장차 임할 하나님 나라의 메시지는 그리스도인의 희망과 즐거움과 성취를 담고 있습니다. 우리는 "하나님의 나라가 임하옵시며"라고 기도합니다(마 6:10). 전쟁과 폭력이 그치고, 평화가 다스릴 날을 갈망합니다. 죄가 주장하지 못하고, 사망 자체가 죽는 날을 사모합니다. 우리는 하나님 나라를 위해 주리고 목이 마를 것입니다. 왜냐하면 의의 왕이 계시기 때문입니다. 우리는 그때 그분과 함께 그곳에 있을 것입니다. 이후 예수님과 제자들은 노래를 부르며 어둠을 향해 나아갔습니다. 장차 임할 하나님 나라를 위한 믿음과 열망에 힘입어 우리도 구세주를 찬양하는 마음으로 세상의 어둠을 헤쳐 나아가야 합니다. 왕을 간절히 기다리며 열망하는 것처럼 그분의 나라 또한 간절히 기다리며 열망합시다.

하나님 나라에 대해 또는 하나님 나라가 임하는 것에 대해 간절히 열망했던 적이 있나요? 예수님을 열망하거나 그분이 필요하다는 생각을 했던 적이 있나요?

성경에서 우리가 발견하는 가장 위대한 명령 가운데 하나는 "기억하라!" 입니다. 이는 우리가 어디에서 왔으며, 무엇을 겪었는지에 관한 정체성을 재정립하는 것입니다. 또한 과거를 들여다보면서 정체성을 굳건히 할 뿐만 아니라 미래를 향한 사명을 강화해야 합니다. 이스라엘 백성은 유월절 식사를 통해 그들을 채워 주시고 구속하시고 인도해 주신 하나님을 기억했습니다.

진정한 그리스도인은 인색하거나 이기적이지 않습니다. 이타적이며 희생적입니다. 우리는 하나님 나라에서 종의 정체성을 기억하고, 겸손히 행하신 주님의 발자취를 따라가야 합니다. 또한 주의 만찬에 참여함으로써 하나님의 계획과 하나님 백성의 유익을 위해 평생 섬기신 예수 그리스도를 기억해야 합니다. 왜냐하면 우리를 향한 예수님의 겸손한 섬김과 우리의 유익을 위하여 새로운 계약에 따라 행하신 희생 덕분에 우리는 그분이 다시 오실 것을 고대하게 됩니다. 이것이 예수님의 이름으로 다른 사람을 겸손히 섬기는 삶을 살 수 있게 합니다.

알짬 교리 **99**

성만찬

성만찬은 성도들이 빵과 포도주를 나눔으로써 구세주의 죽음을 기념하고, 그분의 다시 오심을 기대하는 상징적 순종 행위입니다(고전 11:26).

그리스도와의 연결

students

"기억하라!" 이것은 성경 전체를 통해 우리가 발견하는 가장 위대한 명령 가운데 하나입니다. 기억한다는 것은 우리가 어디에서 왔으며, 무엇을 겪었는지에 관한 정체성을 재정립하는 일입니다. 기억한다는 것은 과거를 들여다보면서 정체성을 굳건히 하는 것일 뿐만 아니라 미래를 향한 사명을 강화하는 것입니다. 유월절 식사를 통해, 이스라엘 백성은 그들을 섬기고 구속하고 인도하신 하나님을 기억했습니다. 마찬가지로 그리스도인은 주의 만찬에 참여하며 하나님의 계획과 자기 백성의 유익을 위해 목숨을 희생하여 섬기신 그리스도를 기억합니다.

서로 평화롭게 살아가는 교회 공동체는
지역 주민에게 전할 수 있는, 복음을 보여 줄 수 있는 가장 기본이 됩니다.
주의 만찬은 단지 종교 의식이 아니라
하나님의 백성 가운데 있을 일에 관한 선포입니다.
이 식사에는 그리스도께서 누구시며,
그분이 교회를 위해 무엇을 하셨는가에 관한 메시지뿐 아니라
복음 이야기와 그리스도의 영광이 주는 유익에 관한 것도 담겨 있습니다.
이것은 소속감에 관한 이야기이며,
그들이 가난하건 연약하건 소외되었건 간에 하나님은 모든 믿는 자를
자신의 백성으로 삼으신다는 매우 놀라운 메시지입니다.
조지 앨런 손버리 Gregory Alan Thornbury

5~10분

YOUR STORY

하나님이 들려주시는 이야기는 오늘을 사는 나와 늘 연결되어 있습니다. 아래 질문에 답하면서 성경 이야기가 내 이야기와 어떻게 연결되는지 생각해 봅시다.

- **성찬에서의 떡과 포도주가 상징하는 것은 무엇인가요?**
  떡은 우리가 받아 마땅한 죄의 심판을 받느라 부서진 예수님의 몸을 상징하고, 포도주는 우리 죄를 대속하기 위해 흘린 그리스도의 피를 상징합니다.

- **성찬은 그 의미를 잃은 채 단순한 교회의 의식이 될 수 있습니다. 어떻게 하면 이 성찬이 좀 더 의미 있는 경험이 될 수 있을까요?**
  주의 만찬에 참여하기 위한 의미 있는 한 가지 방법은, 성찬에 참여하기 전에 하나님께 죄를 고백하고 은혜를 구하는 개인 기도의 시간을 갖는 것입니다.

- **최근에 가장 기대하며 기다렸던 것은 무엇인가요?**
  이 질문에 관한 대답은 다양할 것입니다.

- **솔직히, 장차 있을 하나님 나라의 완전한 도래를 기대하나요? 기대한다면 또는 기대하지 않는다면 그 이유는 무엇인가요?**
  많은 젊은이가 예수님의 임박한 재림과 관련하여 모순된 감정을 느낍니다. 그들은 재림을 확신하며 기대합니다. 그러면서도 아주 먼일이기를 희망합니다. 그들은 성장하고, 결혼하고, 아이를 낳으며 그들이 상상해 온 그대로의 삶을 경험하기를 원합니다. 이렇게 생각하는 이유는, 예수님이 다시 오시면 모든 것이 훨씬 더 나아지리라는 것을 아직 이해하지 못하기 때문입니다. 삶의 경험이 완전히 사라지지 않는다는 것을 이해하지 못한 것입니다. 삶의 경험은 그리스도의 주권 아래 주님의 영광과 우리의 유익을 위해 살아갈 때 무한히 향상됩니다.

하나님의 이야기
하나님이 그분의 아들
예수 그리스도를 통해
우리를 구속해 주신 이야기

우리의 이야기
우리의 이야기가
하나님의 이야기와
만나는 곳

YOUR MISSION

5~10분

생 각

이 땅의 왕은 봉사한 것으로 널리 알려지지 않습니다. 그러나 하나님은 겸손과 섬김을 통해 독특한 나라를 세우셨습니다. 성찬에 참여할 때마다 우리는 하나님이 보이신 종의 본질을 계속해서 떠올리게 됩니다. 왜냐하면 성찬은 우리를 위해 그리스도께서 받으신 죽음이라는 희생적 본질을 나타내기 때문입니다.

- **마가복음 10장 45절과 사도행전 17장 24~25절을 읽으십시오. 이 구절을 통해 하나님과 우리의 관계에 관해 무엇을 깨닫게 되나요?**
  하나님은 우리의 섬김을 받을 필요가 없으십니다. 오히려 하나님께 절실히 필요한 것은 우리입니다. 그러한 우리가 전능하신 하나님께 섬김을 받고 있습니다.
- **왜 사람들은 주님께 사랑과 은혜를 받으려면, 먼저 하나님을 섬겨야 한다고 믿을까요?**
  많은 사람이 하나님께 은혜를 받으려면 무엇이든 해야 한다고 하면서 일 중심적으로 하나님을 이해합니다.

마 음

성찬은 예수님이 다시 오실 날에 대한 기대감을 높여 줍니다. 성찬은 그리스도께서 자신의 백성과 함께하시기 때문에 그리스도의 희생이라는 상징적 표현이 더 이상 필요하지 않을 그날에 관해 관심을 집중하고 기대하게 합니다. 예수님은 다시 오실 것에 관해 말씀하셨는데, 바울도 그랬습니다(마 26:29; 고전 11:26). 성찬의 의미에 둔감해지거나 성찬을 단순한 의식이 되게 해서는 안 되며, 하나님의 백성이 어린양의 혼인 잔치를 위해 함께 모일 때처럼 되도록 해야 합니다(계 19:1~9).

- **성찬이 어떻게 신자들의 믿음을 높여 줄까요?**
  이 질문에 관한 대답은 다양할 것입니다.
- **이 과를 공부하면서 성찬에 관해 새롭게 이해한 것은 무엇인가요?**
  이 질문에 관한 대답은 다양할 것입니다.

행 동

성찬을 통해 예수님의 섬김이 이기적이지 않고 사심이 없고 희생적이었음을 알 수 있는 것처럼, 우리 또한 하나님 나라에서 갖는 종의 정체성을 기억해야 합니다. 우리는 주의 만찬에 참여함으로써, 다른 사람에게 복음을 전하는 하나님의 선교에 동참합니다. 왜냐하면 우리를 향한 예수님의 겸손한 섬김과 주님의 새로운 언약의 희생 덕분에 우리는 그분의 다시 오심을 기대하며 섬기는 삶을 살 수 있기 때문입니다.

- **삶의 어떤 영역에서 다른 사람을 섬기기 위해 노력하고 있나요?**
  이 질문에 관한 대답은 다양할 것입니다.
- **어떻게 하면, 집이나 교회나 학교나 공동체에서 사람들을 실제로 섬길 수 있을까요?**
  이 질문에 관한 대답은 다양할 것입니다.

다음 모임까지
에스겔 25~32장을
읽어 보세요.

THE GOSPEL PROJECT

04

배반의 밤이었어

요 약

하나님의 아들이자 인자이신 예수님은 그분을 믿는 자에게 영생을 주시기 위해 고난과 진노의 잔을 마시기로 선택하셨습니다. 예수님은 배반과 거짓 고소와 조롱과 육체적 학대와 죽임을 견뎌야 함에도 불구하고 하나님 아버지께서 예언하신 계획을 받아들이셨고, 세상의 구원자로 보냄 받은 약속된 메시아라는 자신의 정체성을 성취하셨습니다.

성 경

마태복음 26장 36~49, 56, 59~66절

HIS STORY

20~30분

포 인 트

하나님은 예수님을 세상에 보내 죄에 대한 심판을 받게 하셨다.

등 장 인 물

예수님(하나님의 아들, 성자 하나님)

제자들(예수님이 그분의 사역에 동참하고 복음을 전하게 하려고 선택하신 사람들)

메시지 좌표

제자들은 최후의 만찬에 이어 무슨 일이 일어날지 전혀 몰랐습니다. 그들은 유다가 어떤 의심스러운 일에 관여했음을 눈치챘지만, 그저 어렴풋이 알았을 뿐입니다. 또한 유월절마다 기념하는 대상이, 믿는 자의 죄를 대속하기 위해 기름 부음 받으신 하나님의 어린양 예수님을 가리킨다는 사실도 온전히 깨닫지 못했습니다.

도 입

5~10분

유명인의 소식을 실어서 돈을 버는 잡지나 웹사이트가 있습니다. 거기 실리는 뉴스 가운데 어떤 것은 충격적이지만, 어떤 것은 그렇지 않습니다. 그런데 예수님이 체포되셨다는 소식만큼 충격적인 사건은 없었을 것 같습니다. 제자들은 예루살렘에 입성하신 예수님이 왕좌에 오르실 것이라고 짐작해 왔습니다. 예수님이 자신의 체포와 고난을 예언하셨지만, 그들은 희망을 버리지 않았습니다. 하지만 예수님은 사람들을 자유와 생명으로 이끌기 위해 오셨습니다. 그분은 영생하실, 유일하게 죄가 없으신 분이었습니다. 모든 선을 행하신 주님이 거짓 고소를 당하며 유죄 판결을 받으시는 것을 보고 싶어 할 사람이 과연 있을까요?

▶ 하지 않은 일 때문에 비난받거나 처벌받은 적이 있나요? 그때 어떻게 반응했나요?

도입 선택

학생이라면 학교의 규칙을 지켜야 할 책임이 있습니다. 교사는 학생에게 더 나은 교육 환경을 만들어 주기 위해 학급 규칙을 내놓기도 합니다. 홈스쿨링을 한다면, 학업에 집중해야 하는 시간에 지켜야 할 엄격한 규칙이 있을 것입니다. 현실 세계의 법처럼 학교 규칙도 그것을 지키지 않을 때 그 책임을 묻습니다.

- *지켜야 하는 학교 규칙이나 학급 규칙에는 어떤 것들이 있나요?*
- *규칙을 어겼을 때, 학교가 내리는 일반적인 처벌에는 무엇이 있나요?*

하나님은 모세를 통해 이스라엘 백성에게 율법을 주셨습니다. 율법은 죄를 씻기 위한 제물을 요구했습니다. 인간은 하나님의 율법에 완전하게 순종할 수 없습니다. 그래서 하나님은 사랑과 자비로, 우리 죄를 위해 단번에 드리는 완전한 제물이 되실 하나님의 아들을 보내셨습니다. 주님은 모든 율법을 깨뜨리는 죄의 결과를 짊어지셨습니다. 왜냐하면, 주님만이 율법에 완벽하게 순종하실 수 있기 때문입니다. 주님은 최종적이며 완벽한 제물이 되셨습니다. 그리스도이신 예수님은 고통과 하나님으로부터의 일시적인 분리와 죽음과 죄를 모두 경험하셨습니다. 그 덕분에 우리는 영원토록 죄와 죽음을 경험할 필요가 없어졌습니다.

나를 파는 자가 가까이 왔구나

겟세마네는 예수님의 제자들에게는 친숙한 장소였습니다. 겟세마네의 뜻은 '기름 짜는 틀'로, 감람산(올리브 산)의 서쪽 경사면에 있던 작은 올리브 과수원입니다. 그곳에는 아마도 올리브기름을 압착해 내는 틀이 있었을 것입니다.

students

겟세마네 동산의 밤에 관한 이야기에는 온통 씨름이 가득 차 있습니다. 제자들은 깨어 있기 위해 씨름했고, 예수님은 깨어 있지 못하는 제자들 옆에서 씨름하셨습니다. 후에 베드로는 경비병들과 씨름하고, 제자들은 이 모든 일을 이해하기 위해 씨름할 것입니다. 그런데 가장 큰 씨름은 예수님이 그분 자신과 하신 것입니다. 야곱이 밤새도록 하나님과 씨름했던 것처럼, 예수님은 묵직한 정체성과 사명을 두고 투쟁하셨습니다.

예수님은 제자들과 고별하실 때 습관대로 홀로 그 밤을 보내셨습니다(막 1:35; 6:46; 눅 5:16). 습관대로 드리신 기도가 아니었습니다. 하나님 아들로서 자신 앞에 놓인 '잔'을 마주하고, 슬픔에 압도되셨습니다.

students

[36]이에 예수께서 제자들과 함께 겟세마네라 하는 곳에 이르러 제자들에게 이르시되 내가 저기 가서 기도할 동안에 너희는 여기 앉아 있으라 하시고 [37]베드로와 세베대의 두 아들을

연 대 표

체포되신 예수님
JESUS IS ARRESTED
예수님이 고난의 잔을 받아들이시다.

십자가에 못 박히심
THE CRUCIFIXION
예수님이 우리를 위해 대속 제물이 되시다.

부활하신 예수님
HE IS RISEN
하나님의 아들이 부활하시다.

뜨거워진 마음
HEARTS ON FIRE
모든 성경이 예수님을 가리키다.

제자들을 보내신 예수님
JESUS SENDS
제자들이 부활하신 예수님을 만나 평강을 누리다.

의심을 넘어섬
OVERCOMING DOUBTS
도마가 부활하신 예수님을 보고 만지자 의심이 사라지다.

데리고 가실새 고민하고 슬퍼하사 38이에 말씀하시되 내 마음이 매우 고민하여 죽게 되었
으니 너희는 여기 머물러 나와 함께 깨어 있으라 하시고 39조금 나아가사 얼굴을 땅에 대
시고 엎드려 기도하여 이르시되 내 아버지여 만일 할 만하시거든 이 잔을 내게서 지나가게
하옵소서 그러나 나의 원대로 마시옵고 아버지의 원대로 하옵소서 하시고 40제자들에게
오사 그 자는 것을 보시고 베드로에게 말씀하시되 너희가 나와 함께 한 시간도 이렇게 깨
어 있을 수 없더냐 41시험에 들지 않게 깨어 기도하라 마음에는 원이로되 육신이 약하도다
하시고 42다시 두 번째 나아가 기도하여 이르시되 내 아버지여 만일 내가 마시지 않고는 이
잔이 내게서 지나갈 수 없거든 아버지의 원대로 되기를 원하나이다 하시고 43다시 오사 보
신즉 그들이 자니 이는 그들의 눈이 피곤함일러라 44또 그들을 두시고 나아가 세 번째 같
은 말씀으로 기도하신 후 45이에 제자들에게 오사 이르시되 이제는 자고 쉬라 보라 때가
가까이 왔으니 인자가 죄인의 손에 팔리느니라 46일어나라 함께 가자 보라 나를 파는 자가
가까이 왔느니라(마 26:36~46)

예수님은 세 차례 기도하실 때 자신의 운명을 감당하리라 다짐하셨지만, 제자들은 잠들고 말았습니다. 곧 하나님 아버지께 버림받게 될 텐데, 먼저 제자들에게서 버림받는 씁쓸함을 맛보셨습니다. 예수님이 세 번째로 기도하신 뒤, 검과 창을 들고 갑옷을 입은 사람들이 밤의 침묵을 깨고 다가왔습니다. 그분을 감싼 어두움 속에서 불빛이 깜빡이며 춤추었습니다. 그때가 임한 것입니다.

모두 예언대로 이루어진 거야

유다의 동기가 사악했음을 우리는 이미 살펴봤습니다. 다락방에서 혼자 나갔던 유다가 이제 무기를 든 자들과 함께 돌아왔습니다. 그동안 기회를 찾지 못했던 일을 끝낼 기회가 대제사장들과 장로들에게 찾아온 것입니다.

students

47말씀하실 때에 열둘 중의 하나인 유다가 왔는데 대제사장들과 백성의 장로들에게서 파
송된 큰 무리가 칼과 몽치를 가지고 그와 함께하였더라 48예수를 파는 자가 그들에게 군호
를 짜 이르되 내가 입 맞추는 자가 그이니 그를 잡으라 한지라 49곧 예수께 나아와 랍비여
안녕하시옵니까 하고 입을 맞추니 … 56그러나 이렇게 된 것은 다 선지자들의 글을 이루려
함이니라 하시더라 이에 제자들이 다 예수를 버리고 도망하니라(마 26:47~49, 56)

students

누구도 예수님의 생명을 빼앗을 수 없습니다. 예수님은 이미 그것을 분명히 말씀하셨습니다(요 10:18). 만약 위험한 순간을 피하길 원하셨다면, 무리 가운데로 지나가실 수 있었습니다(눅 4:30). 싸우길 원하셨다면, 열두 군단도 더 되는 천사들을 불러오실 수 있었습니다. 폭풍을 잠재우거나 물 위로 걷거나 사탄을 잠잠하게 하실 수 있는 분이니, 당시 그 무리도 통제하실 수 있었습니다. 그러나 예수님은 번개나 불로 다스리시기보다는 자제력을 발휘하셨습니다.

어떤 후퇴도, 반란도, 구조도 생각할 수 없는 위기였습니다. 예수님은 성경의 예언을 받아들이기로 결심하셨으며, 예언된 그 일이 그 밤에 일어났습니다. 어둠 속에 있던 제자들은 위로를 얻을 수 없었습니다. 예수님은 굳건히 하나님의 계획을 따라가셨지만, 제자들은 두려움에 떨었습니다. 그날 밤의 사건을 구약의 메시지가 조명하고 있었음에도 제자들은 어둠 가운데 그리스도를 인식하는 데에 실패했습니다. 이 이야기는 더 큰 성취가 없이는 끝나지 않을 것입니다. 하지만 이제 양들은 흩어져 버렸고, 목자는 어두운 골짜기를 기꺼이 가로질러 예루살렘 성을 향해 나아갔습니다.

본문으로 더 깊이

공관복음(마태복음, 마가복음, 누가복음)에는 누가 그 검을 사용했는지에 관해 분명하게 언급되어 있지 않습니다. 아마도 당시에 당사자가 아직 살아 있었고, 그에게 복음 전파 사역에 대한 배반 죄와 살인 미수 죄까지 더할 필요가 없었기 때문일 것입니다. 하지만 요한이 복음서를 기록할 때는 베드로가 이미 순교한 뒤였을 것이므로 그 이름을 자유롭게 말할 수 있었던 것 같습니다(요 18:10). 예수님은 귀가 잘린 사람을 고쳐 주심으로써 놀라운 긍휼을 베풀어 주셨습니다(눅 22:51). 원수를 위해서도 죽으실 분이(롬 5:8), 부상당한 적에게 연민을 보이신 것은 놀랄 일이 아닐 것입니다.

하나님의 아들에게 신성 모독 죄를 씌우다니

students

59대제사장들과 온 공회가 예수를 죽이려고 그를 칠 거짓 증거를 찾으매 60거짓 증인이 많
이 왔으나 얻지 못하더니 후에 두 사람이 와서 61이르되 이 사람의 말이 내가 하나님의 성
전을 헐고 사흘 동안에 지을 수 있다 하더라 하니 62대제사장이 일어서서 예수께 묻되 아
무 대답도 없느냐 이 사람들이 너를 치는 증거가 어떠하냐 하되 63예수께서 침묵하시거늘
대제사장이 이르되 내가 너로 살아 계신 하나님께 맹세하게 하노니 네가 하나님의 아들
그리스도인지 우리에게 말하라 64예수께서 이르시되 네가 말하였느니라 그러나 내가 너
희에게 이르노니 이후에 인자가 권능의 우편에 앉아 있는 것과 하늘 구름을 타고 오는 것
을 너희가 보리라 하시니 65이에 대제사장이 자기 옷을 찢으며 이르되 그가 신성 모독 하는
말을 하였으니 어찌 더 증인을 요구하리요 보라 너희가 지금 이 신성 모독 하는 말을 들었
도다 66너희 생각은 어떠하냐 대답하여 이르되 그는 사형에 해당하니라 하고(마 26:59~66)

예수님의 30년 생애와 3년 공생애의 절정이 다가왔습니다. 대제사장은 예수님께 하나님의 아들 그리스도인지 말하라고 했습니다. 예수님이 침묵하시자 제

사장들이 격분했습니다. 자신들의 권위와 통제를 위태롭게 하신 예수님께 위협을 느꼈기 때문입니다. 온 공회가 나서서 거짓 증거로 예수님을 기소하기 위해 증언대에 섰습니다. 어둔 동산에서 시작된 일이 밝은 골고다에서 끝날 될 것입니다.

students

살아 계신 하나님께 맹세하라는 요구에 예수님이 마침내 말씀하기 시작하셨습니다. 예수님의 대답은 수수께끼처럼 들렸지만(64절), 그것은 고소에 대한 강한 확인을 나타내는 관용적 표현에 가까웠습니다.

예수님은 다니엘 7장 13~14절의 인자와 동일시하셨고, 자신이 하늘에서 내려왔다고 말씀하심으로써 산헤드린에서 거는 신성 모독에 관한 기소거리를 두 배로 늘려 주셨습니다. 그 순간, 모든 것이 분명해졌습니다. 그분은 신성 모독을 하는 자가 아니면 축복받은 자입니다. 그리스도가 아니면 우상을 숭배한 극악무도한 죄인입니다. 지도자들에게 결론은 분명했습니다.

예수님은 어떤 태도로 하나님의 계획을 따르셨나요?

알짬 교리 **99**

속죄 제물이신 그리스도

하나님은 의롭고 거룩하시기에 사람이 하나님과 화해하려면 반드시 죄를 속죄받아야 합니다. 죄를 위한 화목 제물이신 그리스도의 죽음은 죄에 대한 하나님의 진노를 가라앉히고, 만족시킵니다. 우리 죄를 위한 그리스도의 속죄는 죄인을 향한 하나님의 사랑(요일 4:19), 그리고 죄에 대한 형벌로 반드시 치러야 할 대가(롬 3:25)를 동시에 보여 줍니다.

그리스도와의 연결

students

에덴동산에서 아담은 뱀에게 저항하지 않은 채, 하나님의 뜻을 따르는 대신에 자신의 뜻대로 했습니다. 겟세마네 동산에서, 두 번째 아담이신 예수님은 하나님 아버지의 목적과 계획에 온전히 복종하셨습니다. 십자가의 죽음에 기꺼이 순종하셨습니다. 예수님은 배반당하여 체포되고, 재판받으실 때, 말씀으로나 행동으로나 하나님의 아들로서의 정체성을 나타내 보이셨습니다.

5~10분

YOUR STORY

하나님이 들려주시는 이야기는 오늘을 사는 나와 늘 연결되어 있습니다. 아래 질문에 답하면서 성경 이야기가 내 이야기와 어떻게 연결되는지 생각해 봅시다.

▶ **왜 제자들은 그날 밤의 일들과 곧 닥칠 배반과 죽음에 관한 예수님의 예언을 연결하여 생각하지 못했을까요?**
이 질문에 관한 대답은 다양할 것입니다.

▶ **예수님의 탄생과 공생애와 그리고 죽음과 부활을 둘러싼 사건들에 관한 구약의 예언들이 의미 있는 이유는 무엇일까요?**
구약의 예언들이 중요한 이유는 예수님이 참 메시아라는 표징과 증거이기 때문입니다.

▶ **믿음으로 인해 핍박받거나 부당한 대우를 받는다면 예수님의 본을 따라 자제력을 보여 줄 수 있나요?**
이 질문에 관한 대답은 다양할 것입니다.

▶ **교회를 향한 세상의 비난에는 어떤 것이 있나요? 그중에 우리가 거부하거나 포용해야 할 것은 무엇일까요? 왜 그래야 할까요?**
교회가 비판적이고, 위선적이며 문화적 관점의 변화를 잘 수용하지 못하고, 도덕적으로 시대에 뒤처져 있다는 등의 비난이 있을 수 있습니다.

하나님의 이야기
하나님이 그분의 아들
예수 그리스도를 통해
우리를 구속해 주신 이야기

우리의 이야기
우리의 이야기가
하나님의 이야기와
만나는 곳

YOUR MISSION

5~10분

생 각

잔'은 구약에서 심판과 진노의 친숙한 상징이었습니다(참조, 시 11:6; 사 51:17; 겔 23:33). 죽음이란 가장 용감한 사람조차도 냉정을 잃게 만드는 것이었습니다. 고문과 십자가형의 위협은 임박한 실재였습니다. 그런데 예수님은 더 심각한 문제에 직면하셨습니다. 거룩하신 하나님의 진노와 심판이 가득한 잔이 그분의 앞에 놓여있었기 때문입니다. 그것을 다 들이키면, 예수님은 버림받으실 것이고 죄와 슬픔과 죽음을 알게 되실 것입니다.

- **4과의 성경 본문에서 예수님에 관해 배울 수 있는 것은 무엇인가요?**
  이 질문에 관한 대답은 다양할 것입니다.
- **예수님이 우리를 위해 '이 잔'을 마시기로 결심하신 것을 보고 어떤 영향을 받았나요?**
  이 질문에 관한 대답은 다양할 것입니다.

마 음

구약의 예언 성취라는 관점은 마태가 유대인 청중을 향해 히브리인의 렌즈로 기록한 마태복음에서 더욱 분명하게 나타납니다. 마태는 예수님이 구약의 모든 기대와 희망을 성취하셨다는 것을 다른 복음서보다 다양한 방법으로 설명했습니다. 그는 예수님의 탄생부터(마 1:22~23) 세례(마 3:15), 예루살렘 입성(마 21:45), 겟세마네 동산의 사건까지 그 모두를 성취로 이해했습니다. 마태의 설명으로 볼 때, 성경 구절이(시 55:12~14; 슥 13:7) 모두 연결되어 성취가 일어난다고 할 수 있습니다.

- **예언의 성취가 어떻게 믿음의 희망과 확신을 불러일으킬 수 있을까요?**
  예언의 성취는 믿음을 강화하고 지지할 수 있습니다. 특히 예언 하나하나를 모두 성취하실 예수님께 닥칠 엄청난 역경을 알게 합니다.
- **회의론자와 이야기할 때, 성취된 예언에 관한 지식을 어떻게 활용할 수 있을까요?**
  만약 회의론자가 예수님이 하나님의 아들이신 것을 믿을 증거를 요구한다면, 성취된 예언들이 토론의 증거가 될 것입니다.

행 동

교회에서는 '하나님의 진노'에 관해 잘 언급하지 않습니다. 받아들이기 힘겨운 진리이기 때문입니다. 특히 죄에 대한 하나님의 진노가 복음을 알지 못하는 사람에게 쏟아지는 것을 생각하면 더욱 그렇습니다. 그 잔을 완전히 마심으로써, 예수님은 버림받으시고 죄와 슬픔과 죽음을 경험하셨습니다. 예수님은 우리가 이러한 것들의 끝나지 않는 고뇌를 알지 않아도 되도록, 당신과 나를 위해 그렇게 하셨습니다.

- **하나님의 진노를 다른 사람에게 들려주는 것이 중요한 이유는 무엇일까요?**
  자신의 죄로 인해 받을 진노에 관해 알면 알수록, 진노를 기꺼이 겪어 내실 구원자께 더 감사하게 될 것입니다.
- **하나님의 진노에 관해 말하기를 소홀히 하는 것이 예수님과 그분의 희생을 모욕하는 일이 될 수 있는 이유는 무엇일까요?**
  죄에 대한 하나님의 진노를 축소한다면, 이는 죄인을 위해 예수님이 치르신 희생의 가치를 축소시키는 것입니다.

다음 모임까지
에스겔 33~40장을
읽어 보세요.

05

십자가에 달린 왕을 본 적 있니?

요 약

이 과에서는 예수님이 죽으신 방식과 그 의미를 살펴볼 것입니다. 예수님이 십자가에 못 박히신 것은 잔인하고 부당했습니다. 그럼에도 불구하고 예수님은 하나님 아버지께 순종하셨고, 죄인을 구원하기 위해 자신의 생명을 기꺼이 버리셨습니다. 예수님은 속죄 제물로서 우리를 대신해 죽으셨습니다. 예수님은 십자가에 못 박힌 왕으로서 하나님의 지혜와 권능을 보여 주셨습니다. 그리고 버림받은 아들로서 우리가 예수님 안에서 하나님의 의가 되도록 우리 죄의 형벌을 감내하셨습니다.

성 경

마태복음 27장 15~51절

HIS STORY

20~30분

포 인 트

예수님은 죄의 형벌을 기꺼이 받으신 왕이시다.

등 장 인 물

예수님(하나님의 아들, 성자 하나님)

본디오 빌라도(예수님의 지상 사역 기간에 유대 지역을 다스렸던 로마제국의 총독)

바라바(예수님 대신에 감옥에서 풀려난 살인자이자 반역자)

메시지 좌표

예수님은 어두운 밤에 체포되어, 즉각 처형할 거리를 찾는 데에 혈안이 된 재판관과 배심원 앞에 끌려가셨습니다. 그러나 성경에서 이미 여러 차례 보아 왔듯이 사람이 뜻하는 바는 악하지만, 하나님의 뜻은 언제나 선하십니다.

도 입

5~10분

'희생'이라는 말을 들으면 무엇을 떠올리게 되나요? 야구 경기에서 득점을 올리기 위해 베이스에 있던 주자를 다음 베이스로 진루시키기 위한 희생 번트를 떠올릴 수 있을 것입니다. 아니면, 사순절에 좋아하는 음식(초콜릿이나 사탕 등)을 참는 것을 생각해 볼 수 있습니다. 또는 갑작스럽게 집안에 일이 생겼을 때, 이미 계획해 둔 휴가를 포기하는 것을 떠올릴 수도 있습니다. 이 모두가 어떤 면에서는 희생이라고 할 수 있습니다. 하지만 '희생'에 관한 성경적 의미를 전달하지는 못합니다.

1세기에는 '희생'이라고 하면 대부분 피를 떠올렸습니다. 제단 위에 누운 황소, 염소 등이 그 몸에서 피가 흘러나가면서 버둥거리는 모습을 표현하는 말이었습니다.

예수님은 완전하십니다. 우리 죄를 위해 단번에 제물로 드려지셨습니다. 황소와 염소를 대신하신 것입니다. 이제 우리가 드리는 예배에는 동물의 희생이 필요하지 않습니다. 그런데 주님의 죽음은 동물의 죽음 못지않게 끔찍했습니다. 매를 맞아 피를 흘리셨고, 가시관을 쓰셨으며, 마침내 십자가에 못 박히셨습니다.

▶ 예수님이 우리 죄를 위해 죽으셨다는 것과 그 죽으신 방식을 강조하는 것이 중요한 이유는 무엇일까요?

도입 선택

석순을 본 적이 있나요? 석순은 동굴 바닥에서 위쪽으로 뻗은 암석처럼 보입니다. 하지만 사실 동굴 천장에서 떨어지는 물방울이 만든 것입니다. 지하수 가운데 들어 있는 광물이 바닥에 쌓이며 굳어서 스스로 자라나는 것처럼 보이게 만듭니다. 시간이 지나면서 석순은 종유석과 연결되고 석주 기둥을 만들기도 합니다.

석순과 마찬가지로, 구원은 언제나 위로부터 내려옵니다. 은혜는 자라는 것이 아니라 내려오는 것입니다. 성경에 따르면, 우리가 땅에서부터 하나님께로 나아갈 수 있는 방법은 아무것도 없습니다. 죄의 중력이 너무나도 강하기 때문입니다. '선한' 행위를 얼마나 많이 하는지, 교회에 얼마나 자주 가는지, 또는 의도가 얼마나 선량한지는 상관없습니다. 자신의 힘이나 방법으로는 하나님의 높은 사랑에 이를 수 없습니다. 구원은 위에서부터 아래로 한 방향으로만 주어집니다.

이 과에서 우리는 그리스도께서 우리 죄를 위해 십자가에서 속죄의 피를 쏟으셨다는 사실을 통해 이것을 분명히 알게 될 것입니다.

- *어떻게 하면 하나님께 용납될 수 있을까요? 그런데 왜 그 방법들은 실패하고 말까요?*
- *구원을 상향식이 아닌 하향식으로 이해하는 것이 중요한 이유는 무엇인가요?*

예수님을 못 박고, 바라바를 살려 줘!

대제사장들과 장로들에게 체포되어 부당한 혐의로 기소된 예수님은 심문과 선고 때문에 본디오 빌라도 총독에게로 끌려가셨습니다. 이상한 일이 연이어 벌어지는 듯 보이는 가운데, 예수님이 죄인을 위해 자신의 정결한 삶을 내어 주시는 것을 엿볼 수 있습니다.

students

15명절이 되면 총독이 무리의 청원대로 죄수 한 사람을 놓아 주는 전례가 있더니 16그때에
바라바라 하는 유명한 죄수가 있는데 17그들이 모였을 때에 빌라도가 물어 이르되 너희는
내가 누구를 너희에게 놓아 주기를 원하느냐 바라바냐 그리스도라 하는 예수냐 하니 18이
는 그가 그들의 시기로 예수를 넘겨 준 줄 앎이더라 19총독이 재판석에 앉았을 때에 그의
아내가 사람을 보내어 이르되 저 옳은 사람에게 아무 상관도 하지 마옵소서 오늘 꿈에 내

연 대 표

십자가에 못 박히심
THE CRUCIFIXION
예수님이 우리를 위해 대속 제물이 되시다.

부활하신 예수님
HE IS RISEN
하나님의 아들이 부활하시다.

뜨거워진 마음
HEARTS ON FIRE
모든 성경이 예수님을 가리키다.

제자들을 보내신 예수님
JESUS SENDS
제자들이 부활하신 예수님을 만나 평강을 누리다.

의심을 넘어섬
OVERCOMING DOUBTS
도마가 부활하신 예수님을 보고 만지자 의심이 사라지다.

나를 따르라
FOLLOW ME
예수님이 모든 사람을 용서하시고, 믿는 사람을 부르시다.

가 그 사람으로 인하여 애를 많이 태웠나이다 하더라
20대제사장들과 장로들이 무리를 권하여 바라바를 달라 하게 하고 예수를 죽이자 하게 하였더니
21총독이 대답하여 이르되 둘 중의 누구를 너희에게 놓아 주기를 원하느냐 이르되 바라바로소이다
22빌라도가 이르되 그러면 그리스도라 하는 예수를 내가 어떻게 하랴 그들이 다 이르되 십자가에 못 박혀야 하겠나이다
23빌라도가 이르되 어찜이냐 무슨 악한 일을 하였느냐 그들이 더욱 소리 질러 이르되 십자가에 못 박혀야 하겠나이다 하는지라
24빌라도가 아무 성과도 없이 도리어 민란이 나려는 것을 보고 물을 가져다가 무리 앞에서 손을 씻으며 이르되 이 사람의 피에 대하여 나는 무죄하니 너희가 당하라
25백성이 다 대답하여 이르되 그 피를 우리와 우리 자손에게 돌릴지어다 하거늘
26이에 바라바는 그들에게 놓아 주고 예수는 채찍질하고 십자가에 못 박히게 넘겨 주니라(마 27:15~26)

students

빌라도는 탈출구를 찾고 있었습니다. 그는 대제사장과 장로들에 대해 너무나도 잘 알고 있었고, 자신의 앞에서 벌어지는 일들을 모르지도 않았습니다. 그는 예수님이 죽임을 당해야 할 만큼 잘못하지 않으셨다는 사실을 알고 있었습니다. 그뿐 아니라 대제사장들이 자신들의 지위와 특권을 위협하는 모든 것을 서슴없이 없애려 한다는 것도 알고 있었습니다.

유월절 기간에 제사장들이나 장로들과 개인적으로 맞서는 것은 정치적으로 위험한 일입니다. 이를 잘 알고 있던 빌라도는 백성들이 그들의 지도자들을 압박하게 만들려고 했습니다. 만약 무리가 예수님을 풀어 주라고 한다면, 대제사장들과 장로들도 별도리 없이 예수님에 대한 고소를 취하할 것입니다. 그들은 예수님을 공개적으로 체포하기에는 그분을 선지자로 보는 군중을 너무나도 의식하고 있었기 때문입니다(마 21:46).

바라바는 살인자이자 반역자였습니다. 그는 벌을 받기에 매우 합당한 사람이었습니다. 만약 무리가 예수님의 무죄를 외치지 않는다고 해도, 바라바와 같은 인물과 비교한다면 틀림없이 예수님 쪽이 무죄에 더 가깝다는 것을 알 것입니다.

빌라도의 계획은 훌륭했지만, 인간의 사악함과 하나님의 신성한 계획으로 불운한 결과를 맞았습니다. 이날, 죄 없으신 이가 죽음으로 내몰리고 죄인이 풀려나게 될 것이기 때문입니다.

이때 이루어지는 바라바의 석방을 통해, 우리는 자신이 받은 약속을 이해하게 됩니다. 바라바처럼 로마제국에 반역하지는 않았을지라도 우리 역시 반역죄를 저지른 죄인입니다. 주님께 맞서며 배반했던 우리는 죽어 마땅합니다. 예수님이 아니셨다면, 우리 역시 심판대 앞에 섰을 것입니다. 하지만 예수님은 빌라도 앞에서 바라바를 대신하셨던 것처럼, 하나님 아버지 앞에서 주님을 사랑하고 믿는 자를 대신해 주십니다.

십자가 고통뿐 아니라 매와 조롱까지 받으셨어

예수님은 십자가를 지기 위해 고통당하실 때, '메시아'로 놀림을 받고 조롱을 당하셨습니다. 이것은 왕복을 입고 (가시) 면류관을 쓰신 그분의 공의를 조롱하는 것이었습니다.

27이에 총독의 군병들이 예수를 데리고 관정 안으로 들어가서 온 군대를 그에게로 모으고
28그의 옷을 벗기고 홍포를 입히며 29가시관을 엮어 그 머리에 씌우고 갈대를 그 오른손에
들리고 그 앞에서 무릎을 꿇고 희롱하여 이르되 유대인의 왕이여 평안할지어다 하며 30그
에게 침 뱉고 갈대를 빼앗아 그의 머리를 치더라 31희롱을 다 한 후 홍포를 벗기고 도로 그
의 옷을 입혀 십자가에 못 박으려고 끌고 나가니라 32나가다가 시몬이란 구레네 사람을 만
나매 그에게 예수의 십자가를 억지로 지워 가게 하였더라 33골고다 즉 해골의 곳이라는 곳
에 이르러 34쓸개 탄 포도주를 예수께 주어 마시게 하려 하였더니 예수께서 맛보시고 마시
고자 하지 아니하시더라 35그들이 예수를 십자가에 못 박은 후에 그 옷을 제비 뽑아 나누
고 36거기 앉아 지키더라 37그 머리 위에 이는 유대인의 왕 예수라 쓴 죄패를 붙였더라 38이
때에 예수와 함께 강도 둘이 십자가에 못 박히니 하나는 우편에, 하나는 좌편에 있더라
39지나가는 자들은 자기 머리를 흔들며 예수를 모욕하여 40이르되 성전을 헐고 사흘에 짓
는 자여 네가 만일 하나님의 아들이어든 자기를 구원하고 십자가에서 내려오라 하며 41그
와 같이 대제사장들도 서기관들과 장로들과 함께 희롱하여 이르되 42그가 남은 구원하였
으되 자기는 구원할 수 없도다 그가 이스라엘의 왕이로다 지금 십자가에서 내려올지어다
그리하면 우리가 믿겠노라 43그가 하나님을 신뢰하니 하나님이 원하시면 이제 그를 구원
하실지라 그의 말이 나는 하나님의 아들이라 하였도다 하며 44함께 십자가에 못 박힌 강
도들도 이와 같이 욕하더라(마 27:27~44)

students

이 성경 구절에서 볼 수 있는 것은 수치심, 고통, 조롱, 학대, 모욕, 희롱과 같은 굴욕입니다. 군인과 구경꾼이 예수님을 구경거리 삼아 비웃었고 무시했습니다.

이러한 고문을 견딜 수 있는 사람이 있을까요? 특히 필수 사항이 아니라 선택할 수 있는 경우라면 어떨까요? 당시 예수님은 어느 시점에서든지 저항하실 수 있었습니다. 언제라도 맞서 싸우실 수 있었습니다. 예수님의 저항은 결코 부당한 일이 아니었습니다. 그러나 주님은 모든 것을 견디셨습니다.

students

또한 인내, 사랑, 은혜, 자비와 같은 겸손도 드러나고 있습니다. 예수님이 십자가에 달리신 사건은 하나님의 아들이 어떻게 자신의 아버지에게 온전히 순종하며 나아가셨는지를 보여 주는 매우 극적인 드라마였습니다. 그뿐 아니라 그 사건은 우리도 주님과 같이 겸손하도록 권면합니다(빌 2:5~11).

이 부분에서 매우 심각한 모순이 보입니다. 여기에서 우리는 아이러니를 보게 됩니다. 만왕의 왕이신 예수님이 왕이라 불리는 조롱을 당하셨습니다. 십자가에서 내려와 영광을 보이라고 하는 말을 들으셨습니다. 그러나 그렇게 하시는 순간, 지금까지 하나님의 영광을 위해 성취해 온 모든 일이 물거품이 되고 말 것입니다. 예수님이 고통의 길을 가지 않으신다면 우리에게 구원은 없습니다. 그래서 예수님은 십자가에서 고통과 수치와 진노를 견디셨고, 우리는 그분의 인내의 유익을 받는 상속자가 되었습니다.

> 나는 인류의 모습이
> 예루살렘에서의 그날, 그 총독의 자리 앞에서보다 더 분명하게 나타난 적은 없다고 믿습니다.
> 그들에게는 바꿀 기회가 있었습니다.
> 그러나 비극적이게도, 그들은 하나님의 아들과 상습범을 바꿔치기하고 말았습니다.
> 그들은 하나님 아버지의 아들과 인간 아버지의 아들을 맞바꾸고,
> 하나님 아버지의 독생자를 사기꾼과 맞바꾸었습니다.
> R. C. 스프로울 R. C. Sproul

휘장이 위아래로 쭉 찢어졌어

선하고 다정한 아버지라면서 어떻게 자신의 아들을 희생시킵니까? 바로 아버지가 선하고 다정하기 때문입니다. 아버지처럼 아들도 그렇기 때문입니다. 희생은 세상이 만들어지기 전에 계획되었고, 거룩한 목적이 있었습니다(행 2:23, 26).

students

45제육시로부터 온 땅에 어둠이 임하여 제구시까지 계속되더니 46제구시쯤에 예수께서
크게 소리 질러 이르시되 엘리 엘리 라마 사박다니 하시니 이는 곧 나의 하나님, 나의 하
나님, 어찌하여 나를 버리셨나이까 하는 뜻이라 47거기 섰던 자 중 어떤 이들이 듣고 이르
되 이 사람이 엘리야를 부른다 하고 48그중의 한 사람이 곧 달려가서 해면을 가져다가 신
포도주에 적시어 갈대에 꿰어 마시게 하거늘 49그 남은 사람들이 이르되 가만두라 엘리야
가 와서 그를 구원하나 보자 하더라 50예수께서 다시 크게 소리 지르시고 영혼이 떠나시니
라 51이에 성소 휘장이 위로부터 아래까지 찢어져 둘이 되고 땅이 진동하며 바위가 터지고
(마 27:45~51)

students

예수님의 간절한 외침이 구경꾼들의 마음에 울려 퍼져야 했지만, 그들은 그분이 인용하신 의미를 제대로 파악하지 못했습니다. 이것은 메시아에 대한 내용이 잔뜩 들어 있는 시편 22편의 앞부분에 있는 말씀입니다(참조, 시 22:1~2, 6~8, 12~18). 무리가 추측하는 것처럼 예수님은 엘리야를 부르신 것이 아닙니다. 시편 저자가 언급했던 '그'와 자신을 동일시하시며, 하나님 아버지께 버림받은 공포감을 드러내셨습니다.

그러고 나서 다시 크게 소리 지르시고 난 후 예수님의 영혼이 떠났습니다. 그 순간, 하늘과 땅이 견디지 못했고 허무한 세계가 진동했고 땅과 바위가 쪼개졌습니다. 그와 함께 하늘과 땅을 구분했던 성전의 휘장이 위에서부터 아래로 찢어졌습니다. 이것은 이 일이 위로부터 이루어진 일임을 나타냅니다.

students

찢어진 휘장은 하나의 메시지를 선포합니다. 한 아들이 아버지께 거절됨으로써 아버지가 더 많은 아들과 딸을 얻게 되었다는 의미입니다. 하나님 아버지께서는 훨씬 더 많은 자녀에게 용서를 베풀기 위해 독생자를 버리셨습니다. 아들의 희생이 지성소에 바쳐졌고, 이로써 그분을 믿는 모든 사람이 하

나님의 보좌 앞에 나아갈 수 있게 되었습니다.

예수님이 하나님 아버지께 버림받으심으로써 죄를 용서받을 수 있었다는 사실을 아는 것이 내게 주는 영향은 무엇인가요?

알짝 교리 99

대속 제물이신 그리스도

속죄의 중심에는 예수님이 계십니다. 예수 그리스도께서 십자가에서 죽으심으로써 죄인의 대속 제물이 되셨습니다. 이 진리는 구약의 희생 제사를 배경으로 합니다. 제사는 아무 죄 없는 제물을 바침으로써 죄를 대신하고 죄악을 제거해야 하는 인간의 '필요'를 보여 줍니다. 예수님은 요구와 필요로 가득한 인간 본성을 받아들이시고, 죄가 없으심에도 인간과 완전히 동일시되셔서 하나님의 뜻을 완벽하게 계시하시고, 그 뜻대로 행하셨습니다. 예수님은 개인적인 순종을 통해 하나님의 율법을 지키셨고, 십자가의 대속적 죽음으로 인간을 죄에서 구원할 길을 여셨습니다.

그리스도와의 연결

students

부당하게 죽음을 선고받으신 예수님은 기꺼이 십자가를 지시고, 우리 죄에 합당한 심판을 대신 받으셨습니다. 예수님이 십자가에서 죽으신 순간에 성전 휘장이 둘로 찢어졌습니다. 이것은 죄인이 그리스도의 보혈을 통해 하나님께로 나아갈 수 있게 되었음을 의미합니다. 예수님의 십자가는 역사의 중심이며 하나님의 거룩하심과 공의, 우리의 죄악과 불의, 그리스도의 겸손과 사랑에 대한 계시입니다.

"
죄패의 전문은 '나사렛 예수 유대인의 왕'이었을 것입니다.
여기서 중요한 것은 예수님이 메시아이신데도, 메시아라고
주장했다는 이유로 죽임을 당하셨다는 것입니다.
주님은 유대인과 로마인에게서 모두 왕으로서 거절당하셨습니다.
그러나 예수님은 유대인이나 이방인이나, 종이나 자유인이나, 남자나 여자나
모든 사람의 유일하신 참 통치자로 오늘 살아계십니다.
예수님은 실로 만왕의 왕이시며 만유의 주이십니다.
제임스 몽고메리 보이스 James Montgomery Boice
"

5~10분

YOUR STORY

하나님이 들려주시는 이야기는 오늘을 사는 나와 늘 연결되어 있습니다. 아래 질문에 답하면서 성경 이야기가 내 이야기와 어떻게 연결되는지 생각해 봅시다.

- **바라바는 자신에게 유리하게 돌아간 이 일에 관해 어떻게 반응했을까요? 우리를 대신하신 예수님께 우리는 어떻게 반응해야 할까요?**
  이 질문에 관한 대답은 다양할 것입니다.

- **어떤 경우에 예수님 대신에 다른 것이나 사람을 선택함으로써 죄를 짓게 될까요?**
  이 질문에 관한 대답은 다양할 것입니다.

- **예수님이 고문과 공개적인 십자가 처형을 받으신 것을 제대로 아는 것은 우리에게 어떤 영향을 줄까요?**
  이 질문에 관한 대답은 다양할 것입니다.

- **예수님은 제자들이 가장 필요할 때 제자들에게서 버림받으셨습니다. 이 사실은 예수님을 얼마나 아프게 했을까요?**
  이 질문에 관한 대답은 다양할 것입니다.

하나님의 이야기
하나님이 그분의 아들
예수 그리스도를 통해
우리를 구속해 주신 이야기

우리의 이야기
우리의 이야기가
하나님의 이야기와
만나는 곳

YOUR MISSION

5~10분

생 각

하나님이 빛이 있으라고 말씀하시기 전에 흑암이 깊음 위에 있었습니다. 이스라엘이 출애굽하기 전에 흑암이 그 땅에 있었습니다. 예수님이 십자가에 못 박히신 순간에 어둠이 약 3시간 정도 온 땅을 삼켰습니다.

- **예수님의 십자가 사건은 아버지의 사랑과 아들의 사랑에 관해 무엇을 보여 주나요?**
  이 질문에 관한 대답은 다양할 것입니다.
- **믿지 않는 사람이 지금 우리에게 예수님이 죽으신 이유가 무엇이냐고 묻는다면 어떤 대답을 할 수 있나요?**
  이 질문에 관한 대답은 다양할 것이나 이런 내용이 꼭 포함되어야 합니다. 예수님은 우리가 마땅히 받아야 할 죄의 결과를 짊어지기로 선택하셨을 뿐만 아니라 자신의 의를 우리에게 주심으로써 결국 우리로 하여금 하나님과 올바른 관계를 맺을 수 있게 하셨습니다.

마 음

십자가에 못 박히시기 전에 일어난 일과, 십자가에 못 박히신 일을 이야기한다고 해서 실제 있었던 공포감을 완전히 이해할 수 없을 것이 분명합니다. 성경의 검은 활자로는 주님의 상처 입은 등과 찢긴 이마에서 흘러내린 붉은 피를 온전히 표현할 수 없습니다. 몇 초 만에 읽어 내린 구절들로는 몇 시간에 걸친 고문으로 예수님이 겪으신 고통과 두려움의 충격을 충분히 전달할 수 없습니다. 골고다로 향하신 예수님은 바라바를 대신할 뿐만 아니라 믿는 모든 사람을 대신하셨습니다. 주님은 우리를 속죄하고, 구속하기 위해 정죄를 받고, 십자가에 못 박히셨습니다. 예수님이 죄가 되심으로써 우리가 하나님의 의가 될 수 있었습니다(고후 5:21).

- **예수님의 크신 희생을 알면, 주님을 향한 사랑이 어떻게 달라질까요?**
  이 질문에 관한 대답은 다양할 것입니다.
- **우리가 받아 마땅한 벌을 예수님이 감당하셨다는 것을 알면, 어떤 영향을 받게 될까요?**
  이 질문에 관한 대답은 다양할 것입니다.

행 동

예수님은 죄로 인한 형벌을 기꺼이 받은 왕이십니다. 그러므로 죄에 관해 말하는 것과 사람들을 믿음으로 인도하는 것을 두려워할 필요가 없습니다. 하나님 아버지께서는 예수 그리스도의 복음을 선포하는 사명을 짊어진 우리를 결코 포기하지 않으십니다. 성령님을 통해 믿음을 강하게 하시고, 예배와 증거에 활력을 불어넣어 주십니다.

- **예수님이 우리를 위해 고통을 견디셨다는 사실은 복음을 전하는 것을 단순한 의무로 여기지 않도록 하는 데에 어떤 도움을 줄까요?**
  이 질문에 관한 대답은 다양할 것입니다.
- **그리스도께서 우리를 위해 하신 좋은 소식을 전할 때, 먼저 죄에 관해 말하는 것이 왜 중요할까요?**
  우리의 죄에 관한 나쁜 소식과 구주에 관한 우리의 필요를 예수님 안에 있는 용서와 구원의 좋은 소식보다 늘 먼저 말해 주어야 합니다. 죄에 관한 언급 없이는 사람들이 자신은 구원받아야 할 존재라는 사실을 이해하지 못할 것입니다.

다음 모임까지
에스겔 41~48장을
읽어 보세요.

06

다시 살아나신 왕을 본 적 있니?

요 약

이 과에서는 예수님의 부활에 관한 놀라운 신비를 생각해 볼 것입니다. 부활의 아침에 몇몇 여인이 예수님의 무덤을 찾아갔습니다. 그런데 한 천사가 나타나더니 예수님의 빈 무덤을 보라고 했습니다. 그러고 나서 그들은 예수님을 만나 부활하신 주님께 경배하기 위해 가던 길을 멈추었습니다. 그들은 자신이 보고 경험한 것을 예수님의 제자들에게 전하기 위해 달려갔습니다. 우리 역시 믿음의 눈으로 빈 무덤을 봐야 합니다. 부활하신 주님을 경배하며, 예수님이 우리를 위해 하신 모든 것을 세상에 전해야 합니다.

성 경

마태복음 28장 1~15절

HIS STORY

20~30분

포 인 트

예수님의 부활로 죄의 저주가 제거되고 죽음이 패배했습니다.

등 장 인 물

예수님(하나님의 아들, 성자 하나님)

막달라 마리아와 야고보의 어머니 마리아(예수님의 시신에 향품을 바르기 위해 무덤을 찾았던 두 여인, 부활의 첫 목격자들)

메시지 좌표

예수님이 체포되고 십자가에 못 박히시자 이 땅에서 사역하셨던 3년 동안 그분과 가장 가깝게 지냈던 제자들은 흔적도 찾기 힘들 정도로 숨어 버렸습니다. 그들은 예수님과 비슷한 운명에 처할 수 있다는 위기감으로 인해 숨는 것으로 자신을 보호했던 것입니다. 처음에는 이와 같이 두려움에 떨며 무력했다가, 나중에는 믿음으로 용기 있는 모습을 보이는 갑작스러운 변화를 가능하게 해 준 것은 무엇일까요? 그 답은 바로 예수님의 부활입니다.

도 입

5~10분

재미있는 이야기에는 주인공이 패배할 것 같은 순간이 한 번쯤 있기 마련입니다. 영국 BBC TV의 유명 시리즈 <셜록 홈즈> 후반에서는 주인공 셜록 홈즈가 분명히 죽은 것처럼 보이는 장면이 있습니다. 숙적 모리아티가 친구들을 살리고 싶다면 자살하라고 셜록 홈즈에게 요구했던 것입니다. 영화 <매트릭스>에서 네오는 총에 맞아 벌집이 된 채로 스미스 요원의 발 앞에 쓰러졌습니다. 영화 <스타워즈> 시리즈의 '제국의 역습' 편은 탄소 냉동실에 갇힌 한 솔로와 잘린 손을 치료하는 루크 이야기로 끝이 납니다. 그리고 실제로 종이 울리고, 록키가 이반 드라고를 곧바로 KO시켰다면, 이야기는 어떻게 되었을까요?
예수님이 십자가에 못 박히신 뒤 사흘 동안, 현실은 소설 세계와는 분명 딴판이었습니다. 이 이야기의 영웅은 단순히 누워 있던 것이 아닙니다. 그분은 무덤에 누워 계셨습니다. 그분이 구원자로 불릴 수 없을 상황임에도 불구하고, 피와 물이 구원자의 옆구리에서 흘러나오듯 희망이 제자들의 마음에서 흘러나왔습니다. 그러나 결국 그분은 죽고 말았습니다. 그런 일이 있고 나서, 일요일이 되었습니다.

- ▶ 역전승을 거두는 이야기나, 삶과 죽음 앞에 놓인 운명이 뒤바뀌는 이야기를 사람들이 좋아하는 이유는 무엇일까요?
- ▶ 만약 부활하지 않으시고 예수님이 무덤에 계속 계셨다면, 그 결과는 어떠했을까요?

와서 빈 무덤을 보라

students

안식일이 다가오고 있었으므로 사람들은 예수님의 장례 준비를 서둘렀습니다. 전통적으로, 거룩한 날에는 죽은 자를 옮기거나 만지면 안 되기 때문입니다. 그래서 급히 무덤을 빌려 그곳에 예수님을 눕히면서 안식일이 되기 전까지 그들이 해야 할 준비를 서둘렀습니다.

students

1안식일이 다 지나고 안식 후 첫날이 되려는 새벽에 막달라 마리아와 다른 마리아가 무덤
을 보려고 갔더니 2큰 지진이 나며 주의 천사가 하늘로부터 내려와 돌을 굴려 내고 그 위에
앉았는데 3그 형상이 번개 같고 그 옷은 눈같이 희거늘 4지키던 자들이 그를 무서워하여
떨며 죽은 사람과 같이 되었더라 5천사가 여자들에게 말하여 이르되 너희는 무서워하지

도입 선택

우승할 확률이 없는 약체 팀, 다크호스, 신데렐라, 잿더미에서 일어선 부자의 이야기를 한 번쯤 들어봤을 것입니다. 이들은 성공하리라는 기대를 받지 못하던 사람들입니다. 그런데 힘든 상황에서 벗어나기 위해 무슨 일이든 해내고, 마침내 극복하고 맙니다.

- *힘없는 사람이 성공하는 이야기나 신데렐라처럼 행운을 얻는 이야기 중에서 좋아하는 이야기가 있다면 무엇인가요?*
- *이 이야기들이 우리에게 감동을 주는 이유는 무엇일까요?*

예수님의 이야기에서, 대부분의 종교 지도자들은 예수님이 자신이 메시아임을 말씀하실 때 믿지 않았습니다. 사흘 만에 다시 살아나리라고 말씀하시자 예수님을 믿는 것은 미친 짓이라고 생각했습니다. 그들에게 예수님이 죽음과 죄와 버려짐에 맞서 승리한다는 것은 생각할 수도 없는 일이었습니다. 심지어 제자들조차도 예수님이 돌아가시자 흩어져 두려움 속에 살았습니다. 그러나 이야기는 십자가에서 끝나지 않았습니다. 예수님은 장사된 지 사흘 만에 죄와 죽음을 이기시고 다시 살아나셨습니다.

연 대 표

부활하신 예수님
HE IS RISEN
하나님의 아들이 부활하시다.

뜨거워진 마음
HEARTS ON FIRE
모든 성경이 예수님을 가리키다.

제자들을 보내신 예수님
JESUS SENDS
제자들이 부활하신 예수님을 만나 평강을 누리다.

의심을 넘어섬
OVERCOMING DOUBTS
도마가 부활하신 예수님을 보고 만지자 의심이 사라지다.

나를 따르라
FOLLOW ME
예수님이 모든 사람을 용서하시고, 믿는 사람을 부르시다.

가서 전하라
AS YOU GO....
땅끝까지 가서 사명을 완수하라.

> 말라 십자가에 못 박히신 예수를 너희가 찾는 줄을 내가 아노라 [6]그가 여기 계시지 않고 그가 말씀하시던 대로 살아나셨느니라 와서 그가 누우셨던 곳을 보라(마 28:1~6)

students

이 이야기에 등장하는 두 명의 마리아는 예수님의 무덤으로 가기는 했지만 어떤 극적인 장면을 목격하게 되리라고는 생각하지 못했습니다. 그들은 어떤 결론에 도달할지, 과연 끝인지 알고 싶었데 그들이 보게 된 것은 그들의 예상을 넘어서는 것이었습니다. 예수님의 무덤 앞에서 한순간에 모든 것이 뒤집혔고, 선생님이었던 분의 죽음으로 인해 한때 묻어 버렸던 희망은 더 이상 허무한 것이 아니었습니다.

마태는 두 명의 마리아가 무덤을 보러 갔다고 기록했습니다. 하지만 우리는 그들이 단지 무덤을 지켜보거나 참배하러 간 것이 아님을 마가복음과 누가복음을 통해서 알 수 있습니다. 대신에, 그들은 예수님의 시신에 향품을 발라 장례를 준비하려고 했습니다(참조, 막 16:1; 눅 23:55~24:1).

그들이 무덤에 가까이 다가가자 큰 지진이 났습니다. 어쩌다 일어난 단층의 균열 때문이 아니었습니다. 천사가 나타나서 생긴 일이었습니다. 지진으로 돌이 옮겨졌으리라 생각할 수도 있었겠지만, 훨씬 더 큰 일이 벌어졌습니다. 당시 무덤을 막고 있던 돌의 무게는 약 900~1,800kg(2천~4천 파운드) 정도였을 것입니다. 그런데 천사가 그 돌을 손쉽게 옮긴 뒤 그 위에 앉아서 예수님이 부활하셨다는 좋은 소식을 전해 준 것입니다.

두 명의 마리아의 관점에서 그때 상황을 상상해 보십시오. 그들은 무덤을 보려고 갔는데 지진을 경험하게 되었고, 무덤을 지키던 자들이 죽은 사람과 같이 얼어 버린 것을 봤으며, 눈부시게 빛나는 천사가 거대한 무덤의 돌문을 굴려 그 위에 앉아 있었습니다. 천사의 말은 공포스러웠을 것이 분명했습니다. 천사의 첫마디는 "너희는 무서워하지 말라"였습니다.

"너희를 해치러 온 것이 아니다"라거나 "너희를 돕기 위해 왔다"와 같은 말을 덧붙일 수도 있었을 것입니다. 그런데 천사가 무서워하지 말라고 한 데에는 더 깊은 뜻이 있었습니다. 여인들이 무서움을 떨쳐도 되는 이유는 그들이 보고 있는 천사 때문이 아니라 그들이 보지 못하는 것, 즉 주님이 그곳에 계시지 않다는 사실 때문입니다. 무덤이 텅 비어 있었던 것입니다.

빨리 가서 이 기쁜 소식을 전하라

천사는 여인들에게 네 가지 명령을 했습니다. “와서, 보라, 가서, 전하라” 입니다.

students

7또 빨리 가서 그의 제자들에게 이르되 그가 죽은 자 가운데서 살아나셨고 너희보다 먼저 갈릴리로 가시나니 거기서 너희가 뵈오리라 하라 보라 내가 너희에게 일렀느니라 하거늘
8그 여자들이 무서움과 큰 기쁨으로 빨리 무덤을 떠나 제자들에게 알리려고 달음질할새
9예수께서 그들을 만나 이르시되 평안하냐 하시거늘 여자들이 나아가 그 발을 붙잡고 경배하니(마 28:7~9)

students

세 가지 중요한 메시지를 전하라는 사명이 여인들에게 주어졌습니다. 첫째, 천사는 여인들이 이미 들은 것, 즉 예수님이 죽음에서 부활하셨다는 소식을 전하게 했습니다. 믿기 힘든 것이긴 했지만, 그들이 사명으로 받은 메시지는 진실이었습니다. 둘째, 천사는 예수님이 전에 주로 사역하셨던 갈릴리로 가실 것에 대해 선포하게 했습니다. 마지막으로, 천사는 제자들이 거기에서 부활하신 예수님을 볼 것을 그들에게 전하게 했습니다.

여인들이 그 소식을 듣고 느꼈을 경외심과 소망을 상상해 보십시오. 그들은 이 성스러운 부르심을 수행하기 위해서 급히 달려갔습니다. 그런데 곧 예수님과 마주치게 되었습니다.

그들은 전력질주를 하다가 한순간에 멈추어 섰습니다. 위안과 기쁨에 찬 여인들은 예수님의 발 앞에 엎드려 그 발을 붙잡고 경배했습니다. 그들은 충분한 만남을 갈망했습니다. 그래서 그들은 믿음의 경배를 드리며 예수님의 발을 단단히 붙잡았습니다.

students

무덤을 찾아간 여인들과 함께 있었다고 상상해 보세요. 과연 우리는 눈앞에 펼쳐진 상황에 어떻게 반응했을까요?

왜 여인들은 다시 만난 예수님께 나아가 그분의 발을 붙잡았을까요? 어떻게 하면 우리도 예수님께 단단히 붙어 있을 수 있을까요?

본문으로 더 깊이

예수님의 부활을 가장 먼저 증언한 사람이 여인들이라는 것은 놀라운 사실입니다. 1세기라는 독특한 시간과 장소, 율법의 관점에서 볼 때, 여인들의 말은 증거로서 가치가 없었습니다. 그 사실은 종종 이 사건의 역사성을 뒷받침하는 강력한 증거 자료가 되어 왔습니다. 그런 문화에서, 상대적으로 신뢰받지 못할 목격자의 증언을 근거로 누군가가 이야기를 지어낼 가능성이 얼마나 되겠습니까?

가서 내 형제들에게 전하라

좋은 일이 생기면 사람들은 어떻게 하나요? 대부분은 즉시 자신이 사랑하는 사람과 그 소식을 공유하려고 할 것입니다. 소셜 미디어에 게시하든 장문의 문자를 보내든 부모님에게 전화하든 우리는 본능적으로 다른 사람과 좋은 소식을 공유하고자 합니다. 여인들은 예수님을 다시 만난 기쁜 소식을 다른 사람에게 전하지 않을 수 없었습니다.

다른 사람에게 어떤 소식을 신나게 전했던 적이 있나요? 그 소식은 무엇이었나요? 반면에 전하기 어려웠던 소식이 있었다면 그것은 무엇이었나요?

10이에 예수께서 이르시되 무서워하지 말라 가서 내 형제들에게 갈릴리로 가라 하라 거
기서 나를 보리라 하시니라 11여자들이 갈 때 경비병 중 몇이 성에 들어가 모든 된 일을 대
제사장들에게 알리니 12그들이 장로들과 함께 모여 의논하고 군인들에게 돈을 많이 주며
13이르되 너희는 말하기를 그의 제자들이 밤에 와서 우리가 잘 때에 그를 도둑질하여 갔다
하라 14만일 이 말이 총독에게 들리면 우리가 권하여 너희로 근심하지 않게 하리라 하니
15군인들이 돈을 받고 가르친 대로 하였으니 이 말이 오늘날까지 유대인 가운데 두루 퍼지
니라(마 28:10~15)

여인들에게 하신 예수님의 말씀은 천사가 한 말과 거의 같았습니다. 여인들은 기쁨과 부활의 메시지에 힘을 얻어 예루살렘을 향하여 갔습니다. 긴급히 기쁜 소식을 전하러 간 것입니다.

한편 또 다른 메시지가 꾸며졌고 전달되었습니다. 여인들은 그들 생애 최고의 소식을 들었지만, 같은 소식이 무덤을 지키던 자들에게는 아마도 최악의 소식이 되었을 것입니다. 당시 문화를 고려할 때 죄수가 탈출하게 했다는 것은 경비병들에게는 곧 죽음을 의미할 수 있었습니다. 이미 죽은 죄수라 해도 마찬가지였을 것입니다. 무덤이 비었다는 소식이 경비병들에게 그리스도의 부활 소식이 아닌 사형 선고가 되었습니다.

경비병들이 두려움에 떨면서 대제사장들에게 가서 소식을 전했습니다. 운이 좋으면 매를 맞거나 질책 정도를 받으리라 생각했을 것입니다. 그런데 오

히려 뇌물을 받았습니다. 대제사장들은 그들에게 문제가 있다는 것을 알고는 있었지만, 몇 푼의 돈과 약간의 거짓말로 진실을 덮을 수 있다고 여겼습니다. 결국 그 비슷한 일이 유다에게도 일어났습니다.

마태복음에 따르면, 보고 들은 것을 전하라는 명령을 받은 사람은 이 여인들이 마지막이 아닙니다. 사실, 부활 후 40일 동안 예수님은 제자들에게 "가서 전하라"라고 직접 위임하셨습니다.

알짬 교리 **99**

영화

영화(Glorification, 靈化)는 구원 과정의 최종 단계입니다. 영화는 그리스도인이 죽을 때나 그리스도의 재림 때 도덕적으로, 영적으로 완전함에 도달하는 미래의 시점을 가리킵니다(빌 1:9~11; 골 1:22). 영화에는 우리의 부활하는 몸이 갖게 될 육체적인 완벽함도 포함됩니다. 영화롭게 될 때, 우리는 하나님과 하나님의 말씀에 관해 더 충만한 지식을 갖고 이해하게 될 것입니다(고전 13:12; 빌 3:20~21).

그리스도와의 연결

students

부활의 아침에 하나님은 예수님을 죽은 자 가운데서 살리시고, 자신의 백성에게 오랫동안 약속해 온 새로운 창조를 시작하심으로써 아들의 전적인 십자가 희생의 정당성을 입증하셨습니다. 우리는 믿음으로 그리스도와 연합함으로써 새로운 창조의 일부가 되었으며, 그분의 형상 안에서 부활의 약속을 공유합니다. 죄의 저주는 제거되었고, 죽음은 패배했으며, 우리는 하나님과 함께 영원한 생명을 보장받았습니다.

YOUR STORY

5~10분

하나님이 들려주시는 이야기는 오늘을 사는 나와 늘 연결되어 있습니다. 아래 질문에 답하면서 성경 이야기가 내 이야기와 어떻게 연결되는지 생각해 봅시다.

- **왜 예수님은 제자들에게 직접 나타나지 않으시고, 여자들에게 먼저 나타나셨을까요?**
  이 질문에 관한 대답은 다양할 것입니다.

- **두려움과 싸우는 믿는 자들에게 예수님의 부활 소식은 어떤 도움을 줄까요?**
  이 질문에 관한 대답은 다양할 것입니다.

- **예수님의 부활 소식은 아무런 희망이 없는 자들에게 어떤 희망을 줄까요?**
  이 질문에 관한 대답은 다양할 것입니다.

- **예수님의 부활을 믿게 되었을 때, 주변 상황은 어떠했나요? 부활 덕분에 변화된 것이 있다면 무엇인가요?**
  이 질문에 관한 대답은 다양할 것입니다.

하나님의 이야기
하나님이 그분의 아들
예수 그리스도를 통해
우리를 구속해 주신 이야기

우리의 이야기
우리의 이야기가
하나님의 이야기와
만나는 곳

5~10분

YOUR MISSION

생 각

예수님의 부활 이야기에 너무나 익숙한 나머지, 그 놀라움을 잃어버리지는 않았나요? 죽음은 모든 사람에게 꼼짝 못할 만큼 두려운 것일 수 있습니다. 많은 사람에게 죽음은 거대한 미지의 세계입니다. 죽음은 마지막이라는 의미에서 오싹합니다. 의료 기술의 발전에도 불구하고, 죽음은 피할 수가 없습니다. 그러나 사람이 이길 수 없는 것을 예수 그리스도께서 이기셨습니다. 그리스도인에게, 예수님의 승리는 곧 나의 승리입니다.

- **그리스도인은 언젠가는 죽게 되는 현실을 어떻게 이해하고 받아들여야 할까요?**
  그리스도인이라면 죽음을 더 이상 아무것도 행사하지 못하는 패배한 적으로 봐야 합니다. 죽음은 그리스도의 죽으심으로 소멸되었습니다. 그리고 예수님을 믿는 모든 사람은 예수님의 부활하신 생명에 참여할 것입니다.
- **어떻게 하면, 그리스도인들이 죽음을 두려워하는 자들에게 희망을 줄 수 있을까요?**
  그리스도인은 죽음에 관해 이야기할 때, 항상 세심하고 부드러워야 합니다. 죽음을 두려워하는 사람들에게 죽음 너머에 어떤 것이 있으며, 예수님은 믿는 자들을 위해 자신의 생명을 값없이 주시는 분임을 강조해야 합니다.

마 음

마태는 여인들이 했을 법한 말이나 예수님이 죽음에서 부활하신 것을 보고 물었을 법한 질문을 기록하지 않았습니다. 그저 그들이 부활하신 예수님을 경배했다고만 기록했습니다. 거룩하신 그분의 존재 앞에서는 더 이상의 설명이 필요하지 않습니다. 무엇보다도, 다른 사람에게 가서 전하기 전에 우리가 최우선으로 삼아야 하는 것은 예배입니다.

- **예수님을 경배하며 살아가는 것에 대해 어떻게 생각하나요? 이것은 다른 사람에게 복음을 전하는 사명을 따르는 우리에게 어떤 영향을 미칠까요?**
  하나님의 사명을 이루는 것이 항상 최우선이 되어야 하는 동시에 온 마음과 영혼과 뜻과 힘을 다해 예수님을 사랑해야 합니다.
- **예배하며 살아가지 않으면서 제대로 사명을 따를 수 있을까요? 하나님의 사명을 추구하지 않는 것을 영적인 경고로 여기고 있나요?**
  사명을 잘 수행하는 것은 종종 영적인 온도계 역할을 합니다. 사명을 향한 열정과 목적과 열망이 부족하다면, 그것은 아마도 예배가 잘 드려지지 않고 있다는 표시일 수 있습니다.

행 동

우리는 가서 다른 사람에게 예수님에 관한 진리를 전해야 합니다. 마태복음 28장의 부름과 위임은 특별히 예수님의 제자들을 향한 것이긴 하지만, 그것은 분명히 예수님을 믿고 사랑하는 모든 제자에게로 확장됩니다. 그 좋은 소식을 우리는 세상에 전하지 않을 수 없습니다.

- **오늘날 사람들이 예수님이 부활하신 사실을 믿지 않는 이유는 무엇일까요?**
  이 질문에 관한 대답은 다양할 것입니다.
- **여인들이 즉시 순종하여 전한 예수님의 소식을 듣고 사람들은 어떤 반응을 보였을까요? 여인들의 모습에서 배우게 되는 모범으로는 어떤 것이 있나요?**
  이 질문에 관한 대답은 다양할 것입니다.

다음 모임까지 **다니엘 1~6장을** 읽어 보세요.

부록 1

예수님 부활의 증거

1. 고고학으로 보면, 누가가 매우 정확한 역사가임을 알 수 있습니다. 누가가 32개 나라, 54개 도시, 그리고 9개 섬에 대해 했던 언급은 매우 정확했습니다. 누가는 부활을 그의 복음서에서 가장 중요한 부분으로 다루었습니다.

2. 예수님이 십자가에 못 박히신 후 8년에서 20년 기간에 많은 역사가들이 예수님의 부활에 대해 자신들의 소신대로 기록했습니다. 이러한 초기 자료를, 신화가 발전한다고 해서 다르게 바꾸고 새롭게 고칠 수 없습니다.

3. 예수님의 대적자들은 증거로서 그분의 몸을 제시했을 수도 있었습니다. 그러나 예수님의 시신에 대한 보고는 없습니다.

4. 예수님은 죽음에서 부활하신 후 500명이 넘는 사람들에게 보이셨습니다. 이 사람들은 예수님과 함께 먹고 대화했습니다.

5. 부활을 최초로 목격한 사람들은 여자들이었습니다. 1세기 당시 여자들은 신뢰할 만한 증인으로 고려되지 않았습니다. 만일 예수님을 따르는 사람들이 신화를 조작했었다면 그들은 증인으로 여자들보다는 남자들을 사용했을 것입니다.

6. 만일 사람들이 잘못된 무덤으로 갔다면, 그 무덤의 주인인 아리마대 요셉과 유대인 당국자들이 그것을 바로잡았을 것입니다.

7. 무덤을 봉했던 돌의 무게는 약 900~1,800kg (2천~4천 파운드) 이상이었으며 바깥쪽에서만 움직일 수 있었습니다. 만약 몸이 사라졌을 때 경비병들이 자고 있었다면, 어떻게 그들은 제자들이 시신을 훔쳤다는 것을 알 수 있었을까요?

8. 예수님의 부활은 구약성경의 예언을 성취한 것입니다(참조, 시 16:9~11; 49:15; 86:13; 사 25:8; 53:9)

9. 제자들은 예수님이 가장 필요로 하는 시간에 예수님을 버린 겁쟁이들이었습니다. 그들은 경비병들을 지나 무덤까지 가서 엄청 무거운 돌을 조용히 옮기고 무덤을 탈취한 후 들키지 않게 떠날 용기가 없었습니다. 제자들은 부활하신 예수님과 만난 후에야 겁쟁이에서 죽기까지 믿음을 지키는 용감한 자로 변화되었습니다.

10. 목격자
- 두 여인(마 28:8~10)
- 막달라 마리아(요 20:15~18)
- 엠마오로 가는 두 제자(눅 24:13~36)
- 베드로(눅 24:34)
- 10명의 제자들(요 20:19~25)
- 11명의 제자들(요 20:26~31)
- 고기를 잡았던 제자들(요 21:1~23)
- 갈릴리산 위의 11명의 제자들(마 28:10~20)
- 500명이 넘는 사람들 (고전 15:6)
- 야고보(고전 15:7)
- 예수님의 승천(행 1:3~10)

*학생용 교재 '부록 1'(87쪽).

07

엠마오를 향해 터덜터덜 걷다가

요 약

이 과에서는 부활하신 예수님과 엠마오 마을로 가던 두 제자가 만나는 모습을 볼 수 있습니다. 그들이 나눈 대화를 통해서 우리는 예수님이 부활하신 후 슬픔과 혼란을 겪는 자신의 백성에게 다가가셨다는 사실을 깨닫게 됩니다. 또한 모든 성경이 예수 그리스도를 어떻게 전하며, 예수 그리스도께서 믿는 자들에게 자신을 어떻게 계시하는지를 보게 됩니다. 부활한 왕이신 예수님의 증인으로서 우리는 성경 가운데 절정을 이루는 위대한 이야기인 예수님의 죽음과 부활을 선포해야 합니다.

성 경

누가복음 24장 13~35절

HIS STORY

20~30분

포 인 트

예수님은 성경과 예배의 중심이시다.

등 장 인 물

예수님(하나님의 아들, 성자 하나님)

글로바(엠마오로 가던 두 제자 가운데 한 명으로서, 부활하신 예수님을 만남)

메시지 좌표

예수님의 부활을 목격한 사람의 수가 계속 늘어났습니다. 예수님은 무덤가에서 여인들에게 처음 나타나셨다가, 갈릴리에서 제자들을 만나려고 가시던 길에 엠마오로 향하던 두 제자에게도 나타나셨습니다.

도 입

5~10분

J. R. R. 톨킨의 〈반지의 제왕2: 두 개의 탑〉에서 호빗족 샘은 자신이 요즘 궁금해하는 것에 대해 프로도에게 말했습니다. "우리가 어떤 종류의 이야기에 빠져든 건지 궁금해." 그들은 지금까지 놀라운 많은 일을 경험했고, 온갖 위험에서 살아남았고, 모르도르로 향해 가는 길은 아주 위험했습니다.

제자들도 예수님이 돌아가신 지 3일째 되는 날에 이런 궁금증에 빠져들었을 것입니다. 승리의 왕으로 알고 따랐던 예수님이 범죄자로 몰려 십자가에 못 박혀 죽으셨는데, 다시 살아 계시다는 놀라운 소식을 들었습니다. 대체 그들은 어떤 이야기 속으로 빠져든 것일까요?

아마 우리도 그와 비슷한 질문을 할 수 있을 것입니다. 예수 그리스도를 따르는 나는 어떤 이야기에 속해 있을까요? 슬픔과 혼란의 시기를 지날 때, 특히 공동체 사람들이 예수 그리스도의 복음에 대하여 적대적으로 나올 때, 우리는 이 질문에 시달립니다.

예수님의 죽음과 부활은 자신의 백성을 구속하고 회복하여 참된 충만과 기쁨이 되시는 주님 안에서 살아가도록 일하시는 하나님의 위대한 이야기와 같은 선상에 있습니다. 이것이 바로 예수님을 따르는 우리가 빠져들 수밖에 없는 이야기입니다.

▶ 삶이란 시작과 중간과 마지막이 있는 이야기라고 하는 생각은 슬픔과 혼란의 시간을 지나고 있는 사람에게 어떤 도움이 될까요?

도입 선택

사람들은 기대합니다. 가족, 친구, 학교, 공부, 동아리, 생일, 하나님 등에 기대를 겁니다.

- *어떤 사람이나 사실이, 전에 들었던 것과 완전히 달라진 적이 있나요? 예상했던 것보다 더 좋았나요, 아니면 더 나빴나요?*

기대가 현실이 될 때, 때로는 기대했던 것보다 더 나쁠 수도 있고 반대로 더 좋을 수도 있습니다. 제자들은 정복자 메시아를 기대했지만, 예수님은 돌아가시고 말았습니다. 예수님이 장사되신 지 사흘이 지났을 때, 그들은 계속 기대해야 했음에도 그러지 못했습니다. 이젠 무엇을 해야 할까요? 예수님은 혼란 가운데 엠마오로 향하던 자들을 만나 주셨습니다. 그들은 금방 알아보지 못했는데, 예수님은 그들의 기대와 다른 모습일지라도 정말로 오셨습니다. 죽음에서 다시 살아나신 주님은 그분을 믿는 모든 사람을 위해 새 생명을 가져오셨습니다. 이것은 이제까지 그 누가 기대했던 것보다 훨씬 좋은 것입니다.

주님을 만나고도 못 알아보다니

students

슬픔과 혼란 가운데 있다 보면 예수님이 함께하신다는 사실을 잊곤 합니다. 예수님이 죽음에서 부활하신 바로 그날, 다른 도시를 향해 여행을 하던 두 제자도 그랬습니다.

students

13그날에 그들 중 둘이 예루살렘에서 이십오 리 되는 엠마오라 하는 마을로 가면서 14이 모
든 된 일을 서로 이야기하더라 15그들이 서로 이야기하며 문의할 때에 예수께서 가까이 이
르러 그들과 동행하시나 16그들의 눈이 가리어져서 그인 줄 알아보지 못하거늘 17예수께서
이르시되 너희가 길 가면서 서로 주고받고 하는 이야기가 무엇이냐 하시니 두 사람이 슬픈
빛을 띠고 머물러 서더라 18그 한 사람인 글로바라 하는 자가 대답하여 이르되 당신이 예

루살렘에 체류하면서도 요즘 거기서 된 일을 혼자만 알지 못하느냐 19이르시되 무슨 일이
냐 이르되 나사렛 예수의 일이니 그는 하나님과 모든 백성 앞에서 말과 일에 능하신 선지
자이거늘 20우리 대제사장들과 관리들이 사형 판결에 넘겨 주어 십자가에 못 박았느니라
21우리는 이 사람이 이스라엘을 속량할 자라고 바랐노라 이뿐 아니라 이 일이 일어난 지가
사흘째요 22또한 우리 중에 어떤 여자들이 우리로 놀라게 하였으니 이는 그들이 새벽에 무
덤에 갔다가 23그의 시체는 보지 못하고 와서 그가 살아나셨다 하는 천사들의 나타남을 보
았다 함이라 24또 우리와 함께 한 자 중에 두어 사람이 무덤에 가 과연 여자들이 말한 바와
같음을 보았으나 예수는 보지 못하였느니라 하거늘(눅 24:13~24)

누가는 두 제자가 예수님이 체포되시고, 재판에서 십자가형을 선고받아 죽으셨던 그 주말의 사건에 관해 열띤 토론을 벌였다는 것을 강조했습니다(눅 24:20). 예수님의 십자가 사건으로 그들의 꿈이 깨어졌습니다. 그런데 죽으셨던 예수님이 그들의 눈앞에 다시 나타나셨습니다.

아마도 예수님의 모습은 부활하신 후에도 이전과 비슷했을 것입니다(여인들은 무덤가에서 그분을 알아봤으니 말입니다). 그런데 하나님은 제자들이 그분을 알아보지 못하도록 그들의 눈을 초자연적으로 가리셨습니다. 제자들은 그분을 예루살렘에 예배하러 갔다가 집으로 돌아가는 사람 정도로 생각했습니다.

우리도 사랑하는 이의 죽음, 암 진단, 자녀의 반항, 친구의 배신, 실직 등으로 스트레스를 받거나 죄를 저지름으로써 우리와 함께해 주시는 예수님을 깨닫지 못할 수 있습니다. 그러나 부활한 왕이신 예수님이 천국에 오르시기 전에 약속하셨습니다. “내가 세상 끝 날까지 너희와 항상 함께 있으리라”(마 28:20). 예수님은 어떤 상황에서도 결코 우리를 떠나거나 포기하지 않으십니다.

바로 그 이야기를 완성하기 위해 왔단다

예수님은 제자들과 함께 엠마오로 걸어가시며 어떤 말씀을 해 주셨나요?

25이르시되 미련하고 선지자들이 말한 모든 것을 마음에 더디 믿는 자들이여 26그리스
도가 이런 고난을 받고 자기의 영광에 들어가야 할 것이 아니냐 하시고 27이에 모세와 모

연 대 표

뜨거워진 마음
HEARTS ON FIRE
모든 성경이 예수님을 가리키다.

제자들을 보내신 예수님
JESUS SENDS
제자들이 부활하신 예수님을 만나 평강을 누리다.

의심을 넘어섬
OVERCOMING DOUBTS
도마가 부활하신 예수님을 보고 만지자 의심이 사라지다.

나를 따르라
FOLLOW ME
예수님이 모든 사람을 용서하시고, 믿는 사람을 부르시다.

가서 전하라
AS YOU GO....
땅끝까지 가서 사명을 완수하라.

승천하신 예수님
THE ASCENSION
예수님이 성령을 보내겠다고 약속하시다.

든 선지자의 글로 시작하여 모든 성경에 쓴 바 자기에 관한 것을 자세히 설명하시니라(눅 24:25~27)

students

예수님은 성경의 기록을 이해하지 못한 두 제자에게 실망감을 표하셨습니다. 메시아에 관한 성경의 가르침을 믿음으로 선뜻 받아들이지 못하는 제자들을 '미련하다'(지혜롭지 못하다)와 '더디다'라고 묘사하셨습니다.

성경은 메시아를 하나님의 백성을 속박으로부터 구원해 낼 약속의 구원자로 가르쳐 왔습니다. '모세와 모든 선지자'에 관한 언급은 오늘날 그리스도인들이 구약이라고 부르는 히브리 성경을 가리킵니다. 예수님 시대에, 사람들은 구약을 '결말을 찾는 이야기'라고 불렀습니다. 그 시대의 유대인들은 그들 이야기의 마지막 장이 시작되기를 기다리고 있었습니다. 메시아가 진두지휘하는 종말을 기다려 왔습니다. 그래서 예수님은 글로바와 다른 제자에게 이렇게 말씀하셨습니다. "내가 그 이야기를 완성하기 위해 왔다. 나는 모든 성경의 중심이다."

예수 그리스도의 제자인 우리가 도전해야 할 것은 그분의 죽음과 부활의 관점에서 구약성경을 읽는 것입니다. 예수님이 읽으셨던 성경 본문을 읽을 때마다 다음의 세 가지 질문을 던짐으로써 이 도전을 더 잘해 낼 수 있습니다.

첫 번째 질문: "본문에서 무엇이 예수님을 직접 가리키고 있나요?"

장차 오실 메시아에 관해 직접적으로 언급한 구약은 창세기 49장 10~12절, 이사야 9장 6절, 미가 5장 2절 등을 예로 들 수 있습니다. 물론 모든 구절에서 예수님에 관한 직접적인 예언을 찾아볼 수 있는 것은 아닙니다. 그러나 구약 전체에 흩어져 있는 예언을 볼 수는 있습니다.

두 번째 질문: "본문에서 무엇이 예수님에 관한 기대와 징조를 말하나요?"

'미묘한 표현'은 때로 강력한 의사소통의 방법이 됩니다. 구약에는 직접적인 예언 외에도, 미묘하고도 간접적으로 예수님이 드러납니다. 예를 들어, 마태복음은 예수님을 '아브라함과 다윗의 자손'(마 1:1)으로 선언하면서 시작합니다. 아브라함과 다윗의 삶에서 예수님이 누구시며 무슨 일을 하실 것인지를 예측하는 사건을 찾아볼 수 있습니다. 아브라함이 그의 아들을 제물로 드리는 창세기 22장의 '희생'은 하나님의 아들 예수님의 희생이 됩니다. 사울왕의 후손이기에 잠재적인 적이었던 므비보셋을 향한 다윗의 사랑에서, 원수를 향한 예수님

본문으로 더 깊이

누가는 두 제자가 그들과 함께 한 이의 정체를 알지 못했다는 '내부자 정보'를 제공해 줍니다(눅 24:15~16). "가려지다"라는 수동형 동사는 그들의 눈이 먼 것은 그들 탓이 아니라 다른 누군가의 탓임을 암시합니다. 아마도 예수님은 부활하신 후에도 이전과 비슷한 모습이셨을 것입니다. 그런데 하나님은 제자들이 그분을 알아보지 못하도록 그들의 눈을 초자연적으로 가리셨습니다. 제자들은 그분을 예루살렘에 예배하러 갔다가 집으로 돌아가는 사람 정도로 알았습니다.

그런데 왜 예수님을 알아보지 못하게 하셨을까요? 신약 학자 대럴 보크는 이렇게 말합니다. "하나님은 그들에게 가르칠 것이 있으셨습니다. … 그들과 토론하시는 이가 누구인지를 그들이 언제, 어떻게 깨닫는가가 이야기의 일부입니다."

의 사랑이 잘 나타납니다(삼하 9장; 롬 5:8).

세 번째 질문: "예수님의 복음이 본문을 구체적으로 이해하도록 하나요?"

구약에는 지혜로운 말씀과 원칙과 명령이 가득합니다. 사도 바울은 이 모든 것이 예수님을 따르는 우리와 여전히 관련이 있음을 분명히 했습니다. 그러므로 우리는 이것을 예수님의 삶과 가르침의 관점에서 읽어야만 우리와 삶에 '어떻게' 적용되는지를 이해할 수 있습니다. 주님은 구약을 완성하기 위해 오셨습니다(마 5:17).

구약의 말씀과 원칙과 명령이 우리에게 어떻게 적용되는지를 이해하게 될 때 비로소 복음의 능력 안에서 그것을 수행할 수 있습니다. 예수님이 죽으시고, 다시 살아나셨다는 좋은 소식은 우리가 그 말씀에 순종할 수 있도록 우리를 다시 구체화하고 강화해 줍니다(참조, 고후 3:17~18; 갈 2:14; 빌 1:27; 2:12~13).

너도 마음이 뜨거워졌니?

글로바와 또 한 명의 제자는 엠마오에 도착할 때까지 예수님을 알아보지 못했습니다. 그러나 차츰 변화가 일어나고 있었습니다. 누가는 이 일에 대해 이렇게 기록했습니다.

> 28그들이 가는 마을에 가까이 가매 예수는 더 가려 하는 것같이 하시니 29그들이 강권하여 이르되 우리와 함께 유하사이다 때가 저물어가고 날이 이미 기울었나이다 하니 이에 그들과 함께 유하러 들어가시니라 30그들과 함께 음식 잡수실 때에 떡을 가지사 축사하시고 떼어 그들에게 주시니 31그들의 눈이 밝아져 그인 줄 알아보더니 예수는 그들에게 보이지 아니하시는지라 32그들이 서로 말하되 길에서 우리에게 말씀하시고 우리에게 성경을 풀어 주실 때에 우리 속에서 마음이 뜨겁지 아니하더냐 하고 33곧 그때로 일어나 예루살렘에 돌아가 보니 열한 제자 및 그들과 함께한 자들이 모여 있어 34말하기를 주께서 과연 살아나시고 시몬에게 보이셨다 하는지라 35두 사람도 길에서 된 일과 예수께서 떡을 떼심으로 자기들에게 알려지신 것을 말하더라(눅 24:28~35)

성경에 관해 설명해 주면서 마음을 뜨겁게 하셨던 분이 바로 부활한 왕이심을 알았을 때 그들이 얼마나 놀랐을지 상상해 보세요. 그다음 구절은 이렇게 기록되었습니다. "그들의 눈이 밝아져"(31절). 그들은 그제야 예수님이신 줄 알아봤습니다. 그런데 예수님은 그분의 정체가 드러나자마자 갑자기 그들의 눈앞에서 사라지셨습니다. 두 제자가 마침내 예수님을 알아보게 된 때에 왜 사라지신 걸까요? 여러 가지 추측을 해 볼 수 있습니다. 열한 제자를 비롯하여 다른 제자들과 만날 기회를 만들기 위해 사라지신 것일 수 있습니다(눅 24:36~49). 그런데 이처럼 예수님이 사라지심으로써 두 제자는 예루살렘으로 돌아가 자신들에게 어떤 일이 있었는지를 보고하게 되었습니다(눅 24:33~35). 이것은 곧바로 이어지는 장면에서 예수님이 제자들에게 극적으로 나타나실 무대를 마련한 셈이 되었습니다.

예수님과 동행하는 동안에 마음이 뜨거워졌다는 말은 무슨 의미일까요?

왜 예수님은 이런 방법으로 그들에게 자신을 알리셨을까요? 만약에 그때 내가 두 제자와 함께 있었다면, 어떻게 반응했을까요?

알짬 교리 **99**

성경의 조명

하나님의 지혜와 인간의 지혜 사이의 큰 격차와 인간의 죄성 때문에, 인간은 성령님의 조명이 없이 자신의 힘만으로 영적 진리를 온전히 파악할 수 없습니다. 그리스도인은 말씀의 뜻을 해석하는 과정 가운데 인간의 이성만 의지하거나 학술 기관이나 학자를 의지하지 않고, 마음과 생각에 말씀을 조명해 주시는 성령님의 역사를 의지합니다(요 14:15~18; 16:7~15).

그리스도와의 연결

students

엠마오로 가는 길에서, 부활하신 예수님이 구약성경이 그분의 고난과 영광에 관해 어떻게 언급하는지를 설명해 주셨습니다. 제자들과 마찬가지로, 우리도 하나님의 기록된 말씀의 핵심에 있는 복음에 집중하여, 그리스도의 죽음과 부활의 관점에서 성경을 통독해야 할 것입니다.

YOUR STORY

5~10분

하나님이 들려주시는 이야기는 오늘을 사는 나와 늘 연결되어 있습니다. 아래 질문에 답하면서 성경 이야기가 내 이야기와 어떻게 연결되는지 생각해 봅시다.

▸ **하나님은 왜 우리로 하여금 슬픔과 혼란의 시간을 주셔서 견디게 하실까요? 주님이 숨어 계신 듯 보이거나 변장하신 듯 보일지라도 주님이 우리와 함께하고 계신 것을 안다면 그것은 우리에게 어떤 영향을 미칠까요?**

예수님의 죽음으로 인해 제자들이 매우 속상해하며 슬퍼했다는 것은 의심의 여지가 없습니다. 그런데 예수님은 그들이 슬픔과 혼란을 겪고 있음을 아시면서도, 그들이 먼저 배워야 할 것이 있기에 (잠시라도) 예수님을 알아보지 못하게 하셨습니다. 이 고통의 시간은 그들에게는 무엇인가를 배울 수 있는 시간이었고, 우리에게도 그럴 수 있습니다. 상황이 어떠하든지 간에 우리는 예수님이 결코 우리를 떠나거나 버리지 않으신다는 사실을 확신할 수 있습니다.

▸ **하나님은 우리가 고통스러운 상황에 놓일 때, 그분이 우리와 함께해 주심을 기억하도록 하시기 위해 자신의 백성과 말씀을 어떻게 사용하실까요?**

이 질문에 관한 대답은 다양할 것입니다.

▸ **구약의 유명한 이야기 몇 편을 떠올려 보세요. 그 이야기가 그리스도를 가리킨다는 사실을 알고 있나요? 그리스도와의 관계를 이해하는 관점으로 성경 이야기를 보는 것이 중요한 이유는 무엇일까요?**

이 질문에 관한 대답은 다양할 것입니다.

▸ **이 이야기는 말씀 안에서 개인적으로 묵상 시간을 갖는 것이 중요하다는 것을 어떻게 강조하고 있나요?**

제자들은 예수님이 성경에 관해 말씀해 주실 때, 마음이 '뜨거워졌다'고 말했습니다. 성경의 점들을 연결하여 어떻게 모두 맞추어지는지를 안다는 것은 믿을 수 없을 정도로 보람있는 일입니다. 그것이 말씀 안에 계속 머물며 기도하는 것이 그토록 중요한 이유입니다.

하나님의 이야기
하나님이 그분의 아들
예수 그리스도를 통해
우리를 구속해 주신 이야기

우리의 이야기
우리의 이야기가
하나님의 이야기와
만나는 곳

5~10분

YOUR MISSION

생각

하나님이 우리에게 주신 사명은 성경을 도덕책이나 도덕적 진보 프로그램쯤으로 알리는 것이 아닙니다. 오히려 사람들을 대속하시고, 회복하시며 하나님과 화해시키기 위해 오신 부활의 왕을 사람들에게 소개하는 것입니다. 예수님이 자신을 우리에게 알리시는 것은 하나님을 알게 하시는 것입니다. 요한복음은 "본래 하나님을 본 사람이 없으되 아버지 품속에 있는 독생하신 하나님이 나타내셨느니라"(요 1:18)라고 말합니다.

- **성경을 우리가 따라야 할 좋은 행동을 모아 놓은 거대한 책으로 보지 않고, 하나님이 독생자를 통해 인간을 구원하신 이야기로 보는 것이 중요한 이유는 무엇인가요?**
  우리가 따라야 할 명령과 원리가 성경에 있습니다. 그러나 어떤 방식으로 살아야 하는가는 언제나 예수님을 먼저 알고, 예수님께 변화된 다음의 일입니다.
- **성경이 예수님과 예수님의 가르침을 배울 최고의 방법이라면, 성경 읽기를 게을리했을 때 궁극적으로 어떤 위험에 처하게 될까요?**
  분명한 결론은 주님의 말씀을 소홀히 하면, 하나님을 알지 못하게 될 위기에 처한다는 것입니다. 주님의 말씀은 우리의 유익을 위해 주어졌으며, 성령이 그리스도를 계시하기 위해 사용하시는 주요 수단입니다.

마음

두 제자는 "길에서 우리에게 말씀하시고 우리에게 성경을 풀어 주실 때에 우리 속에서 마음이 뜨겁지 아니하더냐"(눅 24:32)라고 말함으로써, 성경을 올바로 이해하면 어떤 일이 일어나는지를 제대로 알려 줍니다. 수세기에 걸쳐 제자들과 수없이 많은 그리스도인은 성경을 이해하고, 모든 이야기와 사건이 예수님을 어떻게 가리키고 있는가를 봄으로써 마음이 뜨거워졌고, 말씀을 향한 사랑과 열정이 솟아났으며 말씀에 대해 더욱 갈급해졌습니다.

- **제자들처럼 성경 말씀으로 인해 마음이 움직인 적이 있었나요?**
  이 질문에 관한 대답은 다양할 것입니다.
- **어떻게 하면 하나님의 말씀을 향한 열정과 갈급함을 가질 수 있을까요?**
  말씀 안에서 지속적인 헌신의 시간을 갖는 것(많이 읽을수록 도움이 된다), 좋은 설교를 듣는 것, 믿을 만한 저자들이 성경에 관해 쓴 좋은 책을 읽는 것 등을 예로 들 수 있습니다.

행동

두 제자가 예수님의 부활 소식을 전하기 위해 얼마나 빨리 달려갔는지를 주목하십시오. 예수님과의 만남은 기밀 사항이 아닙니다. 오히려 사명으로 이끕니다. 예수님은 자신을 계시하실 때, 우리가 다른 사람들에게 증인이 되어 그분의 영광과 이름을 널리 알리기를 기대하십니다.

- **두 제자가 예수님의 부활 소식을 전한 것이 왜 당연한 일일까요?**
  이 질문에 관한 대답은 다양할 것입니다.
- **무엇이 복음 전도를 좀 더 자연스럽게 느껴지도록 도울 수 있을까요?**
  이 질문에 관한 대답은 다양할 것입니다.

다음 모임까지 **다니엘 7~12장**을 읽어 보세요.

부록 2

예수님이 받으신 고난의 의미

예수님이 받으신 고난	구약성경의 예언	예수님의 제자가 받는 고난	예수님의 제자가 따라야 할 본과 명령
시험받으심(마 4:1~11; 히 2:18)	첫 아담이 시험받음(창 3:1~7) 이스라엘이 광야에서 시험받음(민 1~36; 신 1~34)	인류에게는 내부에서건 외부에서건 유혹이 있음(고전 10:1~13; 약 1:14~15)	하나님이 신실하시다는 것과, 우상 숭배로부터 피할 길을 주시는 것과, 시험을 감당하게 하시고 벗어나게 하실 것을 믿으라(고전 10:13~14) 문맥에 따라 성경을 인용하라(마 4:4, 7, 10)
배반당하심(마 26:14~16, 47~50; 눅 24:7; 요 13:18; 행 1:16)	친구에게서 배반당함(시 41:9) 그들이 은 삼십을 품삯으로 삼음(슥 11:12~13)	많은 사람이 예수님의 이름 때문에 가족과 친구로부터 배반당함(눅 21:16~17)	예수님의 고난에 참여하는 것을 기뻐하고, 선을 행하는 동안 신실하신 창조주께 의탁하라(벧전 4:13~19)
하나님이 주신 진노의잔의 무게를 절실히 느끼심(마 26:36~44)	모든 악인을 향한 진노의 잔(시 75:8) 주님의 분노의 잔(사 51:17~20) 열방을 향한 진노의 술잔(렘 25:15~19)		
제자들에 의해 버림받으심(마 26:31, 56) 베드로에게 세 번 부인을 당하심(마 26:69~75)	목자를 치면 양이 흩어짐(슥 13:7)	그리스도 안의 형제자매가 서로에게 죄를 지을 수 있음(마 18:15)	회개, 화해, 회복, 용서를 구하라(마 18:15~22; 요 21:15~19)
조롱당하시고, 매질당하시고, 거짓 혐의로 고소당하심(마 26:57~68; 27:27~31, 39~44)	멸시, 거절, 억압, 고통 가운데 고난을 당하는 종(사 53:3, 7) 조롱과 거절을 당하고 비웃음거리가 되는 시편 저자(시 22:6~8)	예수님의 이름 때문에 세상으로부터 고난과 박해를 당함(마 5:10~11; 요 15:20~21; 16:33)	기뻐하고 즐거워하며 용기를 가져라(마 5:12; 요 16:33) 맞대어 욕하지 말고, 위협하지 말며, 공의로 심판하시는 분께 맡겨라(벧전 2:21~23)
십자가에 못 박혀 우리 대신 하나님의 진노의 잔을 받으심(마 27:33~50; 요 19:16~37)	유월절(출 11~13장) : '주의 만찬'-새 언약의 떡(주님의 상한 몸)과 잔(주님이 흘리신 피)으로 새롭게 제정됨 하나님께 버림을 받는 시편 기자(시 22:1) 악한 무리에 찔린 수족(시 22:14~18) 다른 사람의 죄악 때문에 상하고 채찍에 맞는 고난받는 종(사 53:5) 상하고 질고를 당하여 그 영혼을 속건 제물로 드려 주님을 만족하시게 함(사 53:10) 그들이 찌른 자를 바라봄(슥 12:10)		

구약성경(모세와 모든 선지자)에 따르면, 메시아는 이런 고난을 겪고 영광으로 들어가야 합니다(눅 24:26~27).

* 학생용 교재 '부록 2'(88쪽).

08

약속한 대로 내가 돌아왔다

요 약

이 과에서는 예수님이 부활하신 그날 저녁에 제자들에게 나타나 어떻게 말씀하셨는지를 살펴볼 것입니다. 예수님이 제자들에게 주신 명령은 성경의 전체 줄거리를 움직이는 하나님의 계획을 반영합니다. 성부 하나님은 자신의 아들을 보내시고, 성자 하나님은 자신의 백성을 세상으로 보내시며, 성부 하나님과 성자 하나님은 우리에게 사명을 감당할 권능을 주시려고 성령님을 보내십니다. 예수님을 따르는 사람으로서 우리는 우리를 보내시는 하나님과 고난을 받으시는 구원자의 형상으로 지어져 보냄을 받은 사람들입니다. 우리는 자신의 힘으로 사명을 감당하지 않고, 하나님의 영에 힘입어 사명을 감당합니다.

성 경

요한복음 20장 19~23절

HIS STORY

20~30분

포 인 트

하나님 아버지께서 예수님을 세상에 보내신 것처럼, 예수님도 우리를 사명을 행하도록 보내신다.

등 장 인 물

예수님(하나님의 아들, 성자 하나님)

제자들(예수님이 그분의 사역에 동참하고 복음을 전하게 하려고 선택하신 사람들)

메시지 좌표

부활하신 예수님을 목격한 사람의 수가 계속해서 늘어났습니다. 예수님은 무덤가에서 여인들에게 처음 나타나셨습니다. 그리고 제자들을 만나기 위해 갈릴리로 가시던 길에 엠마오로 향하던 두 제자에게도 나타나셨습니다.

도 입

5~10분

두 종류의 증인이 있습니다. 첫째 증인은 일어난 일을 보는 사람입니다. 둘째 증인은 그 일을 직접 경험하는 사람입니다. 둘 다 중요합니다. 그러나 첫째 증인은 관점에 변화를 가져오고, 둘째 증인은 정체성에 변화를 가져옵니다.
하나님을 만난 뒤 영원히 변화된 증인들에 관한 성경의 예들을 생각해 보십시오. 아브람은 아브라함이 되었습니다. 모세는 이스라엘을 구출시키는 사람이 되었습니다. 룻은 남은 이삭을 줍는 과부에서 농장주 보아스의 아내가 되었습니다. 다윗은 목자였다가 기름 부음을 받은 왕이 되었습니다. 천사로부터 메시아의 어머니가 될 것이라는 말을 들었을 때 마리아는 아직 어린 여인이었습니다. 다메섹으로 가는 길에서 예수님을 만난 바울은 살인자에서 선교사로 바뀌었습니다. 이와 같은 예를 우리는 계속해서 들 수 있습니다. 다른 사람이 예수님을 따르는 것을 관찰하는 것과 자신이 일상에서 예수님을 따르는 것에는 분명한 차이가 있습니다. 관찰자는 무엇인가의 증인이 되지만, 따르는 사람은 누군가의 증인이 됩니다.

▸ 관점이 변화될 만큼 놀라운 것을 본 적이 있나요?

도입 선택

두 그룹으로 나눕니다. 필요하다면, 그룹마다 이름을 짓게 합니다. 한 그룹은 "예수님이 가라시대" 게임을 하고, 남은 한 그룹은 명령을 지키지 않은 사람이 벌칙대로 자리에 잘 앉았는지 감시하고 신고하게 합니다. A그룹과 B그룹이 각 3분씩 역할을 바꿔서 진행합니다. 게임이 끝나면, 전체 모임에서 다음 질문을 하십시오.

- ***"예수님이 가라사대" 명령을 잘 듣고 따라 했나요? 게임을 감시할 때, "예수님이 가라사대" 명령을 잘 구별했나요?***
- ***게임을 가장 잘한 사람은 누구였나요?***

"예수님이 가라사대" 게임을 하려면 집중해야 합니다. 탈락시키기 위해 일부러 따돌리거나 속일 수 있습니다. 탈락하면 자리에 앉아야 합니다. 그리고 감시하는 그룹은 보아주지 말아야 합니다. 예수님을 따를 때 그분께 초점을 맞추는 것이 중요합니다. 우리는 주님의 증인이지, 주님을 따르는 사람의 증인이 아닙니다. 주님을 따르는 사람이 주님에 관해 가르쳐 줄 수는 있지만, 우리의 관심과 앎의 초점은 주님이어야 합니다.

얘들아, 샬롬!

students

예수님의 제자들은 대단히 충격적인 주말을 보냈습니다. 이스라엘 나라를 회복시켜 주실 것이라고 기대했던(행 1:6) 분이 십자가에 못 박히시고 말았습니다. 그런데 안식 후 첫날 저녁에는 막달라 마리아로부터 "내가 주를 보았다"(요 20:18)라는 말을 듣게 되었습니다. 제자들은 두려움에 떨며 서로 꼭 붙어 있었습니다.

students

19이날 곧 안식 후 첫날 저녁때에 제자들이 유대인들을 두려워하여 모인 곳의 문들을 닫았더니 예수께서 오사 가운데 서서 이르시되 너희에게 평강이 있을지어다(요 20:19)

제자들은 유대교 지도자들이 자신들도 제거할까봐 두려웠기 때문에 문을 잠그고 있었습니다. 그러나 세마포도, 잠긴 문도 예수님에게는 장애가 되지 않았습니다. 주님은 그야말로 그들 가운데 나타나셨습니다.

연 대 표

제자들을 보내신 예수님
JESUS SENDS
제자들이 부활하신 예수님을 만나 평강을 누리다.

의심을 넘어섬
OVERCOMING DOUBTS
도마가 부활하신 예수님을 보고 만지자 의심이 사라지다.

나를 따르라
FOLLOW ME
예수님이 모든 사람을 용서하시고, 믿는 사람을 부르시다.

가서 전하라
AS YOU GO....
땅끝까지 가서 사명을 완수하라.

승천하신 예수님
THE ASCENSION
예수님이 성령을 보내겠다고 약속하시다.

오순절에 임하신 성령님
PENTECOST
복음을 전파할 힘을 성령님이 주시다.

students

예수님은 놀라운 모습으로 등장하셔서 제자들에게 말씀해 주셨습니다. 요한은 이때 주신 예수님의 말씀에서 세 가지 초점을 두었습니다. 그중 첫 번째 초점은, 그들에게 불안한 마음과 두려움을 이겨 낼 평안을 주겠다고 하신 주님의 약속을 상기시키는 인사말이었습니다(요 14:27; 16:33).

평강에 대한 말씀은 하나님의 사명을 위해 세상으로 나아가는 그리스도인을 크게 격려해 줍니다. 우리의 의를 위해 죽은 자 가운데서 다시 살아나신 왕을 믿음으로써 우리는 하나님과 참된 평화를 이룹니다(롬 4:25~5:1). 하나님은 이제 우리에게서 죄를 찾지 않으십니다. 세상에서 우리는 그리스도의 이름을 주장하는 것만으로도 고통당하고 죽임당할 수 있습니다. 그러나 하나님은 고된 세상을 살아가는 우리의 마음을 두려움과 불안으로부터 지켜 줄 평안을 주십니다.

두려움과 불안 가운데 하나님의 평안을 경험해 본 적이 있나요?

예수님은 다시 나타나시면서 참으로 놀라운 모습으로 등장하셨습니다. 제자들은 문을 잠그고 있었습니다. 유대교 지도자들이 그들도 제거하려고 할 것으로 여겨 두려웠기 때문입니다. D. A. 카슨은 다음과 같이 설명했습니다. "요한의 이야기에서 이 구절과 26절에서 닫힌 문의 기능은 예수님을 따르는 자들에게 예수님의 나타나심이 기적임을 강조하기 위한 것이었습니다. 주님의 부활하신 몸이 세마포를 통과한 것처럼(참조, 요 20:21) 닫힌 문을 통과해서 '나타나신' 것입니다."

> 예수님을 따르고 싶다면,
> 땅끝까지 그분을 따라가야 합니다.
> 왜냐하면 그곳이 바로 주님이 향하신 곳이기 때문입니다.
> 주님을 선교하시는 하나님으로 생각하지 않고는
> 하나님에 관해 생각할 수 없습니다.
> 로버트 스피어 Robert Speer

나를 보내신 것처럼 너희도 보내노라

평화의 선포는 예수님이 제자들에게 나타나실 때 하실 말씀의 시작일 뿐이었습니다. 그다음에는 그들에게 사명을 주어 보내실 준비가 되어 있으셨습니다.

students

> [20]이 말씀을 하시고 손과 옆구리를 보이시니 제자들이 주를 보고 기뻐하더라 [21]예수께서 또 이르시되 너희에게 평강이 있을지어다 아버지께서 나를 보내신 것같이 나도 너희를 보내노라(요 20:20~21)

students

이것은 예수님이 제자들에게 주신 두 번째 말씀입니다. 예수님은 이 말씀을 주시기 위해 제자들을 두 가지 방법으로 준비시키셨습니다. 한 가지 방법은, 제자들에게 손과 옆구리를 보여 주신 것입니다. 예수님의 손과 옆구리의 상처는 고난과 승리의 흔적입니다. 죽음을 이긴 증표입니다. 제자들은 그분을 다시 보았을 때, 당연히 너무나 기뻐했습니다.

다른 한 가지 방법은, 또다시 평강을 말씀해 주신 것입니다. 그리고 그들에게 위대한 사명을 주셨습니다. 하나님이 예수님을 보내셨던 것처럼, 예수님도 제자들을 세상으로 보내실 것입니다. 요한복음에서 예수님은 하나님이 자신을 보내셨다고 자주 말씀하셨습니다. 그러한 보내심과 동일 선상에서 예수님도 제자들을 보내십니다.

이에 대한 성경 말씀은 다음과 같습니다. "예수께서 이르시되 나의 양식은 나를 보내신 이의 뜻을 행하며 그의 일을 온전히 이루는 이것이니라"(요 4:34). "내가 아무것도 스스로 할 수 없노라 듣는 대로 심판하노니 나는 나의 뜻대로 하려 하지 않고 나를 보내신 이의 뜻대로 하려 하므로 내 심판은 의로우니라"(요 5:30). "내가 진실로 진실로 너희에게 이르노니 내가 보낸 자를 영접하는 자는 나를 영접하는 것이요 나를 영접하는 자는 나를 보내신 이를 영접하는 것이니라"(요 13:20). "영생은 곧 유일하신 참 하나님과 그가 보내신 자 예수 그리스도를 아는 것이니이다"(요 17:3). "아버지여, 아버지께서 내 안에, 내가 아버지 안에 있는 것같이 그들도 다 하나가 되어 우리 안에 있게 하사 세상으로 아버지께서 나를 보내신 것을 믿게 하옵소서"(요 17:21).

우리는 '보내심'을 미션(mission), 즉 사명이라고 말합니다. 왜냐하면, '보냄'의 라틴어가 '미시오'(missio)이기 때문입니다. 하나님이 우리를 보내시는 사명이란 정확히 무엇일까요?

복음서에는 부활한 왕이신 예수님이 제자들에게 부여하신 다양한 위임이 들어 있습니다. 마태복음은 이 사명을 기억하기 쉽도록 간결하게 요약합니다. 왕의 위임은 "모든 민족을 제자로"(마 28:19) 삼으라는 것입니다. 이것은 여전히 우리의 사명입니다. 우리는 사람들을 인도하여 예수 그리스도를 믿게 하고, 그들에게 성부 하나님과 성자 하나님과 성령의 이름으로 세례를 주고, 예수님의 명령에 순종하도록 그들을 가르쳐야 합니다(참조, 마 28:19~20).

students

예수님의 이 말씀은 십자가에 돌아가시기 전날 밤에 하셨던 기도를 반영하고 있습니다. 예수님은 제자들을 위해 몇 번이나 기도하셨는데, 보내심을 받으신 것처럼 그들을 보내겠다고 분명히 선포하셨습니다(요 17:18). 예수님은 동일한 선교 사명에 참여하도록 우리를 초대하십니다. 하나님은 예수님을 보내셨고 예수님은 우리를 초대하시는데, 평안으로 가서 다른 사람을 사랑하고 은혜로 진리를 전하라고 명령하십니다.

팀 켈러 목사는 말했습니다. 하나님은 우리를 보내셔서 복이 되게 하시고자 우리를 부르시고 반드시 복을 주십니다. (창 12:1~3. 참조, 벧전 2:9). 그리스도인은 자신의 감정적 필요를 채우기 위해 왔다가 집으로 돌아가는 영적인 소비자가 아닙니다. 사명을 받은 교회는 개인으로서나 한 몸으로서 사명 가운데 서도록 훈련하고 격려합니다." 학생이나 동아리 회원이나 운동선수나 상관없이 평생 무슨 일을 하든지 간에, 당신은 제자 삼는 사명을 위해 부름 받았습니다.

students

죄와 죽음을 이기신 예수님의 승리와 평화의 약속은 우리가 사명을 감당하며 살아가도록 어떻게 힘을 줄까요?

> 우리는 샬롬을 평화라고 부르지만, 그것은 단순히 마음의 평화나 휴전 상태보다 훨씬 큰 의미입니다.
> 성경에서 샬롬은 '보편적인 번영, 기쁨, 완전함'을 의미합니다.
> 자연의 필요가 충족되고 자연의 선물이 풍부하게 사용되는 풍요로운 상태, 창조자와 구원자가
> 문을 열고 기쁨으로 피조물들을 환영해 기쁨의 감탄을 불러일으키는 상태를 의미합니다.
> 코넬리우스 플랜팅가 Jr. Cornelius Plantinga Jr.

후유, 성령을 받으라

students

제자들은 예수님이 주신 사명을 제힘으로는 감당할 수 없습니다. 십자가에 못 박히시기 전날 밤에, 예수님은 제자들이 사명을 감당하도록 보내실 것이라고 약속하셨습니다(요 14:15~17; 25~26; 15:26~27; 16:13~15). 부활하신 뒤에 주신 세 번째 말씀은, 바로 그 약속을 지키시겠다는 것이었습니다.

students

> 22이 말씀을 하시고 그들을 향하사 숨을 내쉬며 이르시되 성령을 받으라 23너희가 누구의 죄든지 사하면 사하여질 것이요 누구의 죄든지 그대로 두면 그대로 있으리라 하시니라 (요 20:22~23)

students

이야기하신 시점이 혼란스러워 보입니다. 예수님은 부활하신 날에 제자들에게 성령님을 받으라고 말씀하셨습니다. 그런데 사도행전에서는 부활하시고 40일쯤 뒤에 제자들에게 성령님을 받을 것에 대해 말씀하셨습니다(행 1:5). 그리고 제자들이 사명을 감당할 수 있도록 도우실 성령님은 예수님이 부활하신 지 50일째 되던 오순절에 오셨습니다(행 2:1~47).

요한복음 20장 23절을 이해하려면, "그들을 향하사 숨을 내쉬며"(22절)라는 구체적인 언급에서 단서를 찾아야 합니다. 이것은 상징적인 행동일 가능성이 높습니다. D. A. 카슨은 숨을 내쉬며 "성령을 받으라"(22절)라고 명령하신 것은 "아직은 이르지 않았으나 장차 온전히 부어질 것에 관한 일종의 행위적 비유로 이해하는 것이 가장 적합하다"라고 주장합니다(요한복음의 독자들에게는 과거 일이겠지만 말입니다).

요한복음 20장 23절 말씀이 어려운 것은, 예수님을 따르는 자는 일종의 자유 통제권을 갖거나 자유롭게 죄를 용서한다는 인상을 주기 때문입니다. 그러나 이 말씀은 예수 그리스도의 복음 선포와 관련 있음을 명심해야 합니다. 초점은 용서의 선포나 용서가 주어지지 않았다는 선언에 있습니다.

이렇게 생각해 보십시오. 하나님의 사명을 감당할 때, 누군가에게 "회개하고 예수님을 믿으면, 죄 사함을 받을 수 있다"고 말할 수 있는 권위를 얻게 됩니다. 마찬가지로 사람들에게 만일 회개하지 않고 복음도 믿지 않으면, 죄가 여전히 남아 있을 것이라고 말할 수 있고, 또 그렇게 말해야 합니다. 이것은 마치

본문으로 더 깊이

요한복음에서 예수님이 가까운 미래에 일어날 일을 마치 이미 이루어진 일처럼 묘사하신 것은 이번이 처음은 아닙니다. 예수님은 인자가 영광을 얻을 때가 왔다고 선포하셨습니다(요 12:23). 그러나 십자가에 못 박히시기까지는 아직 며칠 남아 있었습니다. 예수님이 말씀하실 때에는 일어나지 않았지만, 결국 일어났습니다. 마찬가지로, "성령을 받으라"라고 하신 말씀은 오순절에 교회에 놀랍게 임하신 성령님을 가리킵니다.

영업사원이 소매점에 "우리와 거래를 하시면 오늘 구매하신 금액의 20%를 깎아 드리겠습니다"라고 말하는 것과도 비슷합니다. 영업사원은 자신의 권한으로 말한 것이 아니라 회사를 대신해서 말한 것이기 때문입니다.

알짬 교리 **99**

삼위일체 하나님

성경은 하나님이 한 분임을 확증하면서도(막 12:29; 고전 8:4~6), 동시에 세 위격, 즉 성부, 성자, 성령으로 존재하신다고 확증합니다. 이처럼 성부, 성자, 성령 세 위격이 각각 하나님이시므로, 신성은 위격과 별개로 존재하는 것이 아닙니다. 곧 신성이 있고, 또 세 위격이 계셔서 모두 넷이 있는 것이 아닙니다. 하나님의 신성은 각 위격과 분리되지 않으십니다. 그리고 각 위격은 다른 위격과 구별되십니다(요 6:27; 빌 2장; 행 5:3~4; 마 11:27; 요 14:16; 10:30). 이처럼 구별되는 세 위격이 완전한 연합 가운데 계시어 세 하나님이 아니라 한 분 하나님이시며, 하나님으로서의 신성도 하나뿐이십니다. 이것이 기독교의 핵심적인 교리로, 이 교리로부터 벗어나는 것은 정통 기독교이기를 포기하는 것과도 같습니다.

그리스도와의 연결

students

예수 그리스도께서 죄인을 구원하기 위하여 하신 일은 성부와 성자와 성령 하나님 모두가 함께하신 것입니다. 성경에 따르면 성부 하나님은 성자 하나님을 보내시고, 성자 하나님은 그분의 백성을 세상으로 보내시며, 성부 하나님과 성자 하나님은 사명을 감당할 권한을 우리에게 주시기 위해 성령님을 보내셨습니다. 그리스도인으로서 우리는 우리를 보내신 하나님과 고난받은 구원자의 형상을 지닌, 보냄을 받은 자입니다.

> 그리스도께서는 하나님 아버지께서 그를 보내신 것처럼 사도들을 보내셨습니다.
> 사도들은 죄인들을 불러 회개하게 하고,
> 몸이든 영혼이든 악에 사로잡힌 자들을 보살펴야 하는 자신의 사명을
> 온전히 이해할 수 있었습니다.
> 알렉산드리아의 키릴로스 Cyril of Alexandria

5~10분

YOUR STORY

하나님이 들려주시는 이야기는 오늘을 사는 나와 늘 연결되어 있습니다. 아래 질문에 답하면서 성경 이야기가 내 이야기와 어떻게 연결되는지 생각해 봅시다.

▶ **하나님만이 주실 수 있는 평화를 경험하는 것이 왜 중요할까요?**
이 질문에 관한 대답은 다양할 것입니다.

▶ **우리가 그리스도의 대사로서 세상에 평화를 주는 사명이 있음을 기억하는 것이 중요한 이유는 무엇인가요?**
우리는 종종 평화를 주는 일을 사명으로 여기지 않습니다. 그 대신에 사명이란, 사람들로 하여금 구원받도록 하고, 하나님과 올바른 관계를 맺을 수 있게 하는 것이라고 생각합니다. 그러나 구원의 한 가지 측면, 또는 그 열매는 하나님과 화평을 이루는 것입니다. 이것은 이 땅의 모든 사람이 절대적으로 필요로 하는 것입니다.

▶ **예수님의 말씀대로 하나님의 사명을 감당하는 제자로 살아가려면 어떤 단계를 거치게 될까요?**
우선 사명을 따라 산다고 해서 반드시 해외 선교를 위해서 집을 떠나야 하는 것은 아니라는 사실을 알아야 합니다. 사명을 감당하는 삶이란 믿는 자들이 자발적으로 삶의 모든 영역에서 복음을 실행하고, 그리스도 안에서 하나님의 사랑을 다른 사람들과 나누고, 그들에게 보여 주는 것을 의미합니다.

▶ **교회가 하나님의 선교에 좀 더 집중하려면 어떤 점을 조정해야 할까요?**
이 질문에 관한 대답은 다양할 것입니다.

하나님의 이야기
하나님이 그분의 아들
예수 그리스도를 통해
우리를 구속해 주신 이야기

우리의 이야기
우리의 이야기가
하나님의 이야기와
만나는 곳

YOUR MISSION

5~10분

생 각

성령님이 임하시는 것은 죄 용서와 긴밀하게 연결되어 있습니다. 용서는 성령님이 우리에게 선포하도록 권한을 주신 복음이 주는 위대한 축복입니다. 그렇다면 죄 용서란 정확히 무엇일까요? 그것은 우리의 죄를 완전히 덮어 버리시며 잘못을 계산하지 않으신 하나님의 행위입니다(행 3:19). 이 용서의 토대는 예수님이 십자가에서 흘리신 피와 희생입니다. 예수님의 죽음은 하나님의 풍성한 사랑의 표현이며, 하나님을 믿는 자를 위한 것이며, 하나님의 공의를 만족시키는 것입니다.

- **그리스도인의 삶에서 성령님은 어떤 역할을 하실까요?**
  확신(요 16:8~11), 부르심(엡 4:4), 중생(요 3:3~8), 내주(요 14:17; 롬 5:5), 보증(롬 8:16) 등의 역할이 있을 수 있습니다.
- **성령님이 믿는 자의 삶에 필수적이라면, 우리는 어떻게 해야 성령님께 더 많이 의존할 수 있을까요?**
  성경을 읽으려고 앉을 때마다 성령의 조명과 성령이 주시는 이해를 받기 위해 우리 눈과 마음을 열어 주시도록 기도할 수 있습니다.

마 음

예수님이 약속하신 평안은 구약에 약속된 것입니다. 히브리어 '샬롬'은 갈등이 없는 것 이상을 의미합니다. 그것은 번창하고, 부유하고, 완전하며, 온전한 상태에 관한 것입니다. 그리고 평화는 하나님이 의도하신 대로 올바로 존재하는 모든 것의 상태를 말합니다. 그 평화는 세상이 줄 수 없고, 오로지 하나님만이 주실 수 있습니다.

- **예수님의 평화에 사로잡혔던 때가 있다면 구체적으로 설명해 보세요.**
  이 질문에 관한 대답은 다양할 것입니다.
- **하나님의 평안을 알면 주님을 향한 믿음이 어떻게 강해질까요?**
  이 질문에 관한 대답은 다양할 것입니다.

행 동

그리스도인은 보내시는 하나님과 고난받으시는 구원자의 형상으로 형성된 보냄을 받은 존재로서 보냄을 받은 백성임을 서로 상기시켜 주는 것은 언제나 가치가 있습니다. 이러한 생각은 우리가 이웃과 공동체와 여러 관계에 있는 사람에게 나아가 평화의 복음을 선포할 때, 우리로 하여금 예수님이 주신 사명의 발걸음을 따라가도록 이끕니다.

- **그리스도인들이 자기 자신을 세상으로 보냄을 받은 그리스도의 대사로 보지 못하는 이유는 무엇일까요?**
  이 질문에 관한 대답은 다양할 것입니다.
- **사명에 소홀하게 만들 정도로 우리를 산만하게 하는 일상적인 일들에는 어떤 것들이 있을까요? 어떻게 하면 산만함을 극복할 수 있을까요?**
  이 질문에 관한 대답은 다양할 것입니다.

다음 모임까지
역대하 36:22~23;
에스라 1~6장을
읽어 보세요.

09

네 안의 도마에게 말한다

요 약

이 과에서는 의심과 믿음의 본질에 관해 살펴보고, 믿음이 흔들리는 사람에게 예수님이 어떻게 반응하셨는지를 살필 것입니다. 여러 종류의 믿음과 의심을 보면서, 믿음은 "바라는 것들의 실상이요 보이지 않는 것들의 증거"(히 11:1)임을 알게 될 것입니다. 믿는 자로서 우리는 다른 사람의 믿음을 강하게 할 뿐만 아니라, 의심과 의문을 품고도 하나님을 신뢰하도록 부름 받았습니다.

성 경

요한복음 20장 24~29절

HIS STORY

20~30분

포 인 트

믿음은 바라는 것들의 실상이요 보이지 않는 것들의 증거이다.

등 장 인 물

예수님(하나님의 아들, 성자 하나님)

도마(예수님이 부활 후 처음 나타나셨을 때, 다른 제자들과 함께 있지 않았던 제자, 부활하신 예수님을 직접 보면 믿겠다고 함)

메시지 좌표

기독교의 믿음을 의심해 본 적이 있나요? 대답이 필요한 질문을 해 본 적이 있나요? 믿음에 어떤 증거나 지지해야 할 이유가 있는지에 대하여 궁금해 한 적이 있나요? 만약 그렇다면, 혼자만 그런 게 아닙니다. 많은 사람이 비슷한 의심을 경험합니다. 그것은 부끄러운 일이 아닙니다. 예수님의 제자인 도마는 의구심을 표현하며 증거를 보여 달라고 했습니다. 예수님은 그를 책망하지 않으셨습니다. 대신에 감사하게도 도마의 의구심에 답하심으로써 그의 의구심을 해결해 주셨습니다.

도 입

5~10분

사람 수에 따라 2~3개 그룹으로 나눈 후, 각 그룹별로 세 가지 이야기를 지어내게 합니다. 그 세 가지 이야기는 두 가지 진실과 한 가지 거짓입니다. 이 규칙을 설명하면서 정해진 시간 안에 이야기를 마치도록 주의를 줍니다. 요점은, 진짜처럼 들리는 거짓말을 만들어야 한다는 것입니다. 왜냐하면 다른 그룹에서 어느 이야기가 진실이고 어느 이야기가 거짓말지를 찾아낼 것이기 때문입니다. 서로 이야기를 충분히 나눌 시간을 주십시오. 그러고 나서 다음 질문을 하십시오.

- 참인지 거짓인지를 파악하기가 어려웠나요? 어려웠거나 또는 어렵지 않았다면, 그 이유는 무엇일까요?
- 거짓과 진실을 구별해 낸 기준은 무엇이었나요?

때때로 진실을 알기 어렵습니다. 모든 것이 의심할 만하며, 우리에게 의문을 줍니다. 그렇다고 질문이 나쁜 것은 아닙니다. 심지어 예수님의 제자들조차 의심했으며, 의문을 제기했고, 증거를 요구했습니다. 이와 같이 예수님의 제자 도마는 '의심 많은 도마'라는 별명을 얻게 되었습니다. 도마는 의문을 제기했지만, 예수님은 그것 때문에 도마를 무시하거나 비난하지 않으셨습니다. 그 대신에 도마가 요구했던 증거를 보여 주셨습니다. 예수님은 진리를 드러내는 증거를 통해 도마의 믿음을 회복시켜 주셨습니다. 의심이 들 때 질문하는 것은 종종 믿음을 강화하는 중요한 방법의 하나가 되기도 합니다.

도마만 의심 많은 게 아냐

이번에는 요한복음에서 세 번째로 나타나는 인물이자 열두 제자 가운데 한 사람인 도마가 등장합니다.

students

24열두 제자 중의 하나로서 디두모라 불리는 도마는 예수께서 오셨을 때에 함께 있지 아니
한지라 25다른 제자들이 그에게 이르되 우리가 주를 보았노라 하니 도마가 이르되 내가 그
의 손의 못 자국을 보며 내 손가락을 그 못 자국에 넣으며 내 손을 그 옆구리에 넣어 보지
않고는 믿지 아니하겠노라 하니라(요 20:24~25)

도입 선택

사도 도마는 오랫동안 부당한 비난을 받았습니다. 제자들을 언급할 때, 일반적으로 간단히 이름을 부르거나 아니면 사도 베드로나 사도 요한처럼 이름 앞에 '사도'라는 호칭을 붙입니다. 그런데 도마는 그렇지 않습니다. 그는 '의심 많은 도마'로 불렸습니다.
어린이 찬양에서도 의심 많은 도마가 되지 말라는 경고를 담고 있습니다. 심지어 사전은 "회의적이거나 습관적으로 의심하는 사람, 증거가 없이는 믿지 않는 사람, 의심하거나 회의적인 사람"을 나타내는 표현으로 '의심 많은 도마'를 제시합니다.
하지만 이 별명은 전적으로 부당합니다. 성경을 자세히 들여다보면, 도마의 의심 또한 그의 믿음을 강조하는 것이기 때문입니다. 이제 그를 '믿음 있는 도마'로 불러야 할 것입니다. 그러나 여전히 그의 이야기는 오늘날 의심과 씨름하는 신자들이나 믿음의 증명이나 증거를 요구하는 신자들에게 도움이 됩니다. 더욱이, 도마의 의심에 반응하시는 예수님의 방식은 의심과 싸우고 있는 다른 사람에게 인내심을 보이도록 우리를 가르쳐 줍니다.

- *해결하지 못해 씨름해 온 의심이 있다면 무엇인가요?*
- *도마의 의심과 질문이 어떤 면에서 당신의 믿음을 격려해 주나요?*

연 대 표

의심을 넘어섬
OVERCOMING DOUBTS
도마가 부활하신 예수님을 보고 만지자 의심이 사라지다.

나를 따르라
FOLLOW ME
예수님이 모든 사람을 용서하시고, 믿는 사람을 부르시다.

가서 전하라
AS YOU GO....
땅끝까지 가서 사명을 완수하라.

승천하신 예수님
THE ASCENSION
예수님이 성령을 보내겠다고 약속하시다.

오순절에 임하신 성령님
PENTECOST
복음을 전파할 힘을 성령님이 주시다.

담대해진 제자들
COURAGE OF THE DISCIPLES
베드로와 요한이 기적을 행하고 담대하게 복음을 전하다.

students

부활한 왕이신 예수님이 죽은 자 가운데서 다시 살아나셔서 제자들에게 나타나셨던 날, 도마가 왜 그 자리에 없었는지는 잘 알려져 있지 않습니다. 다른 제자들이 살아 계신 주님을 만났다고 주장하자, 도마는 확신하지 못한 채 믿음의 조건을 내세웠습니다. 육체의 증거를 봐야 한다는 조건이었습니다. 그는 부활하신 주님의 상처를 보고, 심지어 만져 봐야 한다고 말했습니다.

도마와 마찬가지로, 우리는 모두 이런저런 형태의 의심과 씨름합니다. 심지어 예수님을 믿는 자들에게도 의심의 순간이 있습니다. 실제로 의심의 종류는 다양하며, 사람마다 그 유형이 다를 수 있습니다.

첫 번째는 지적인 유형입니다. 이런 유형의 사람은 기독교가 과학, 역사, 철학 등의 분야와 모순되는 점을 발견하려 합니다. 기독교의 참됨을 확신하기 전에 지적인 장애물을 극복하려 합니다.

두 번째는 정서적인 유형입니다. 비극적인 사건이나 깊은 우울증과 불안 때문에 자신의 삶에서 하나님과 (또는) 하나님의 선하심을 쉽게 의심합니다. 정서적 의심이 지적인 의심으로 가장하는 경우가 많다는 점에 주목할 필요가 있습니다. 하지만 문제를 자세히 살피면, 의심하는 사람이 자주 정서적 고통과 좌절을 경험하고 있음을 볼 수 있습니다. 고통과 좌절은 감정을 기본으로 한 것이기 때문에 지적인 대답은 정서적인 의심으로 고심하는 사람에게는 별 도움이 되지 않습니다. 정서적인 의심을 하는 사람에게는 목회자가 성경으로 상담해 주는 것이 가장 필요합니다.

세 번째는 의지적인 유형입니다. 진리를 버리려는 결정이나 의지적 행위를 뜻합니다. 이런 유형의 사람은 순종하기를 거부합니다. 야고보는 우유부단하거나 '두 마음'(약 1:6~8)을 품은 사람에 관해 말할 때, 의지적 의심을 언급했습니다. 이런 종류의 의심은 약한 믿음이나 완고함이나 오만함이나 회개의 결핍으로 인하여 생겨날 수 있습니다. 예를 들어 결혼 전에 육체적으로 부적절한 관계를 맺게 되면, '순결'에 관한 기독교의 가르침에 의구심을 갖기가 '쉬울' 것입니다. 이 유형의 사람을 가장 진지하게 다루어야 합니다. 의심은 그 자체로 불순종과 반역을 나타내기 때문입니다.

괜찮아, 내 상처를 만져 보렴

예수님은 의심하는 사람들에게 어떤 말씀을 하실까요? 도마처럼 어떤 조건이 충족되지 않으면, 믿지 않으려는 사람들에게 예수님은 어떻게 반응하실까요? 다음 두 구절이 예수님의 반응을 보여 줍니다.

students

26여드레를 지나서 제자들이 다시 집 안에 있을 때에 도마도 함께 있고 문들이 닫혔는데 예수께서 오사 가운데 서서 이르시되 너희에게 평강이 있을지어다 하시고 27도마에게 이르시되 네 손가락을 이리 내밀어 내 손을 보고 네 손을 내밀어 내 옆구리에 넣어 보라 그리하여 믿음 없는 자가 되지 말고 믿는 자가 되라(요 20:26~27)

students

요한복음의 독자는 데자뷔 현상을 경험할 것입니다. 처음 보거나 겪는 것임에도 마치 전에 보거나 겪은 듯한 현상을 말합니다. 이것은 분명히 예수님이 한 주 전에 나타나셨던 때와 완전히 똑같습니다. "여드레를 지나서"는 이날이 한 주 지난 일요일이었음을 말해 줍니다. 요한은 결국 이날을 '주의 날'(계 1:10)로 부르게 됩니다. 한 주 전 일요일처럼, 예수님은 닫힌 문을 통과해서 들어오셨고, 똑같이 평화의 인사를 하셨습니다. 그러고 나서, 도마를 보시고 가벼운 책망과 같은 말씀으로 도전하셨습니다.

먼저 도마에게 증거를 확인하게 하셨습니다. 그러자 도마가 자신이 내건 믿음의 조건이 충족되었다는 것을 스스로 알게 되었습니다. 다시 한 번 예수님은 자신이 '말씀이 육신이'(요 1:14) 되신 분임을 알려 주셨습니다.

"믿음 없는 자가 되지 말고 믿는 자가 되라"(요 20:27)라는 말씀은 예수님이 도마에게 주신 도전의 핵심입니다. 이 지점까지 내내 도마는 예수님의 신실한 제자였습니다. 그러나 이제는 십자가에 못 박히셨다가 다시 살아나신 왕을 믿는 믿음을 실행할 필요가 있습니다. 요한복음을 통해, 하나님의 구원과 영생의 선물을 받으려면 예수님을 믿어야 한다는 것을 알 수 있습니다.

제자들에게 두 번째 나타나셨을 때, 예수님은 왜 도마를 지목하셨나요?

진짜 복된 자가 누군지 아니?

도마가 부활한 왕을 믿는 믿음을 고백할 때, 이 짧은 이야기가 놀라운 해결책을 제시합니다.

students

[28]도마가 대답하여 이르되 나의 주님이시요 나의 하나님이시니이다 [29]예수께서 이르시되 너는 나를 본 고로 믿느냐 보지 못하고 믿는 자들은 복되도다 하시니라(요 20:28~29)

students

도마의 반응은 놀랍습니다. 그것은 확신과 신앙고백 가운데 하나였습니다. 도마의 신앙고백은 부활한 왕이신 예수님에 대한 믿음을 표명한 것일 뿐만 아니라 예수 그리스도께서 누구이신지를 드러내고 있습니다. 도마가 '주'와 '하나님'이라는 용어를 함께 사용하고 있다는 점을 주목할 필요가 있습니다. 구약에서 '주'와 '하나님'은 종종 여호와를 가리키는 칭호로 나란히 사용됩니다. 간단히 말해서, 예수님은 다름 아닌 바로 하나님 자신이십니다!

그런데 29절의 예수님의 반응은 어떻게 이해해야 할까요? 예수님은 도마의 믿음을 인정하시면서도 가볍게 책망하시는 것처럼 보입니다. 정말 그러셨을까요?

예수님 말씀의 뒷부분은 흔히 팔복이라고 부르는 축복의 말씀입니다. 예수님이 말씀하신 가장 유명한 복은 마태복음 5장 3~11절에 기록된 팔복입니다. 부활하신 다음인 여기서도 복을 말씀하십니다. 예수님은 도마를 책망하시기보다는 하늘로 올라가시어 육체적으로는 이 땅에 더 이상 존재하지 않을 때를 예언하십니다. 그 일이 있은 후에는 모든 믿는 자는 부활하신 주님을 보지 않고도 믿어야 할 것입니다.

> 신성한 자비가 의심 많은 제자로 하여금 스승의 육신에 난 상처를 만지게 함으로써
> 우리 안에 있는 불신의 상처를 치유하게 했습니다.
> 도마의 불신은 다른 제자들의 믿음보다 우리 믿음에 더 유익합니다.
> 왜냐하면 그에게 믿음을 가져다준 만짐으로 인해
> 우리 믿음이 모든 의문을 초월해 더 확고해졌기 때문입니다.
> 그레고리 1세 Saint Gregory

이것이 바로 오늘날 우리가 처한 상황입니다. 우리는 예수님을 육체적으로는 볼 수 없습니다. 물론 직접 보아야 할 필요도 없습니다. 베드로는 교회들에 대한 설명을 통해 이것을 확증했습니다. 우리는 예수님을 보지 못하지만 그분을 사랑하고 기뻐합니다. 우리가 그렇게 할 수 있는 것은 우리 믿음의 목표인 구원을 받았기 때문입니다(벧전 1:8~9).

우리가 믿는 것은 예수님이 스스로 밝히신 그분이시며, 우리가 그분 안에서 생명을 얻는다는 사실입니다. 요한은 자신이 의도적으로 다른 것을 배제하면서 한 가지 목적만을 염두에 두고 예수님이 행하신 일을 기록했다고 스스로 밝혔습니다(요 20:30~31). 다시 말해서, 요한은 예수 그리스도의 역사적 부활에 대한 믿음을 뒷받침해 주기 위해 육체적 증거와 증인의 증언을 보여 주었습니다.

예수님이 도마에게 손과 옆구리를 관찰하라고 말씀하셨을 때처럼, 우리 또한 예수님께 증거를 바랄 수 있을 것입니다. 그러나 우리는 예수님이 부활에 관한 다른 형태의 강력한 증거를 우리에게 남겨 주셨다는 것을 부인할 수 없습니다. 그리고 그 증거를 보고 믿는 자들을 위해 예수님은 축복해 주셨습니다. 예수님은 의심하는 자를 향해 분노하는 반응을 보이신 것이 아니라 애정 어린 격려를 보여 주셨습니다. 이것이 우리에게 힘이 됩니다. 왜냐하면 부활은 실제로 일어난 일이기 때문입니다.

students

예수님을 눈으로 보고 믿을 수는 없지만, 우리에게는 기록된 말씀의 증거가 있습니다. 도마처럼 눈으로 봐야만 믿을 수 있다고 생각하나요? 아니면 보지 않고도 믿을 수 있다고 생각하나요?

알짬 교리 99

믿음

성경적인 믿음이란 구원을 위해 그리스도 안에서 머무는 것, 그분만을 신뢰하는 것을 말합니다(요 3:16~21). 진정한 믿음은 역사적 사실들에 대한 단순한 지적 동의를 넘어 복음의 진리를 인정하고 고백함으로써 시작되며(요일 4:13~16), 기쁘게 그리스도를 자신의 주님과 구원자로 영접하고, 그리스도만을 의지하는 데까지 이어집니다(요 1:10~13). 그리스도의 역사적인 삶과 죽음과 부활에 근거를 두는 성경적인 믿음은 맹신이 아닙니다.

그리스도와의 연결

students

우리나 다른 사람에게서 도마와 같은 특성을 쉬이 찾아볼 수 있습니다. 대부분 가벼운 의심을 품거나 친구의 질문에 답하려고 노력합니다. 어찌되었든 의심은 해결해야만 하는 불확실한 것을 우리 안에 불러일으킵니다.

감사하게도 우리가 섬기는 구원자는 의문을 제기하고 의심하는 자를 기쁘게 맞아 주십니다. 그분은 증거를 무시하지 말고 증거 때문에 믿으라고 하십니다. 기독교는 결코 맹목적인 믿음에 의존하지 않습니다. 오히려 예수님의 역사적 부활을 믿음의 근거로 제시해 왔습니다. 우리가 소망하는 대상은 허구가 아닌 실제이기 때문에 우리의 믿음은 진짜입니다. 그분은 예수 그리스도, 곧 부활한 구세주이십니다.

> 이전에 십자가에 못 박히신 이가 하나님이심을 부인했던 사람일지라도
> 자신의 잘못을 고백하게 합시다.
> 왜냐하면 거룩한 성경이 그들에게 명령하기 때문입니다.
> 특히 도마는 그분의 못 자국을 보고 나서
> '나의 주님, 나의 하나님'이라고 외쳤기 때문입니다.
> 아타나시우스 Athanasius

5~10분

YOUR STORY

하나님이 들려주시는 이야기는 오늘을 사는 나와 늘 연결되어 있습니다. 아래 질문에 답하면서 성경 이야기가 내 이야기와 어떻게 연결되는지 생각해 봅시다.

▶ **그리스도인에게 의심이나 문제 제기는 흔한 경험이 될 수 있을까요?**
우리는 모든 것을 알고 있는 (전지전능한) 피조물이 아니기에 의심할 수 있습니다. 모든 것을 알지 못하기 때문에 때로는 확신이 부족할 수 있습니다.

▶ **의심의 유형을 구분하는 것이 왜 중요할까요? 의심의 유형에 따라 그들에 대한 반응이 어떻게 달라져야 할까요?**
지적인 의심을 하는 사람에게는 정서적인 의심이나 의지적인 의심을 하는 사람에게 하는 것과는 다른 반응을 하게 됩니다. 다른 경우도 마찬가지입니다. 지적인 의심의 경우, 다른 사람이 무엇을 의심하든지 합리성과 증거를 찾아보도록 도울 수 있을 것입니다. 그러나 정서적인 의심을 하는 사람의 경우에는 지적인 면보다 정서적인 면에서 의심하고 있기 때문에 목회자가 답변하는 것이 더 효과적일 것입니다.

▶ **도마에 대한 예수님의 반응은 의심하는 자에게 어떤 도전이 되고, 위로가 되었을까요?**
이 질문에 관한 대답은 다양할 것입니다.

▶ **의심이 생기면, 누구에게 의지할 수 있을까요? 믿음과 의심에 관해 열린 마음으로 이야기를 나눌 수 있는 누군가가 있다는 것이 왜 중요할까요?**
이 질문에 관한 대답은 다양할 것입니다.

하나님의 이야기
하나님이 그분의 아들
예수 그리스도를 통해
우리를 구속해 주신 이야기

우리의 이야기
우리의 이야기가
하나님의 이야기와
만나는 곳

YOUR MISSION

5~10분

생 각

신약에서 '믿다'와 '믿음'과 '신앙'은 같은 단어에서 유래했습니다. 다른 말로 하자면, 믿는다는 것은 신앙이 있다는 뜻이며, 신앙을 가졌다는 것은 믿는다는 뜻입니다. 그렇다면 더 분명하게 믿는다는 것, 즉 신앙이란 무엇입니까? 믿음의 세 가지 측면에 관해 생각해 보는 것이 도움이 될 것입니다. 첫 번째 측면은 사실에 관한 것입니다. 즉 예수님과 예수님이 베푸신 구원에 관한 사실에 동의하는 것입니다. 그러나 믿음이란 최소한 사실에 관한 정신적 동의이기는 하지만, 확실히 그 이상입니다. 결국, 야고보서는 "네가 하나님은 한 분이신 줄을 믿느냐 잘하는도다 귀신들도 믿고 떠느니라"(약 2:19)라고 말합니다.

- **믿음의 사실적인 측면이 중요한 이유는 무엇인가요?**
  믿음이 실제적 증거, 물리적 지지와 모순되지 않으며, 어떤 것을 맹목적으로 믿는 것이 아니라는 것을 보여 줍니다. 그 대신, 믿음은 합리적이며 최상의 증거로 뒷받침됩니다.
- **중요하지만, 사실적 믿음만으로는 충분하지 않다는 것을 어떻게 설명할 수 있을까요?**
  이 질문에 관한 대답으로 야고보서 2장 19절을 참고할 수 있습니다.

마 음

두 번째 측면은 정서에 관한 것입니다. 예수님에 대한 신뢰이자 예수님을 향한 사랑입니다. 물론, 믿음은 느낌 이상의 것입니다. 확신과 신뢰의 아주 강한 느낌조차도 때로는 흔들릴 수 있습니다. 믿음이 감정 이상인 이유가 그것입니다. 그러나 하나님 안에서의 사랑과 진심 어린 확신은 참 믿음의 일부입니다. 그리스도인은 이것을 간과해서는 안 됩니다.

- **믿음의 정서적인 측면에만 주의를 기울이면, 어떤 위험이 있을까요?**
  만약 믿음이 단지 정서적인 것이라면, 감정이 변할 때 어떤 일이 일어날까요? 한 달 전에 경험했던 것과 같은 감정을 더 이상 느끼지 않는다면, 어떤 일이 일어날까요? 마음이 갈수록 냉담해진다면, 어떤 일이 벌어질까요? 믿음은 감정 이상의 것이어야 합니다.
- **로마서 4장 18~21절을 볼 때, 아브라함은 어떻게 굳은 믿음을 가질 수 있었을까요?**
  각자 답하십시오.

행 동

세 번째 측면은 의지에 관한 것입니다. 즉 의지적 행위입니다. 매일 예수님께 의지하고자 결심하는 것이며, 삶의 모든 영역에서 주님을 향한 믿음의 훈련을 하는 것입니다. 이것은 귀신들에게는 없는, 믿음의 정서적이며 의지적인 측면입니다. 귀신들은 진리를 부인할 수는 없지만, 기꺼이 순종하지도 않습니다.

- **교회에서 자라지 않은 친구에게 믿음을 어떻게 설명하거나 정의할 수 있을까요? 어린이가 성경적 믿음을 이해할 수 있도록 어떤 비유나 삽화를 사용할 수 있을까요?**
  이 질문에 관한 대답은 다양할 것입니다.
- **도마에 대한 예수님의 반응은 의심하는 자들, 이미 예수님을 믿는 자들, 믿지 않는 자들에게 어떻게 반응해야 할지에 관해 무엇을 가르쳐주나요?**
  질문하는 사람을 기쁘게 받아들일 수 있어야 하며, 의문을 제기하는 사람이 부끄러움을 느끼게 해서는 절대로 안 됩니다. 그들은 답 듣기를 정말로 원하고 있기 때문입니다.

다음 모임까지
학개 1~2장; 스가랴 1~7장을 읽어 보세요.

10

다시 한 번, 나를 따르라

요 약

이 과에서 예수님은 부활하신 후에 제자들에게 세 번째로 나타나십니다. 이날 아침 식사 자리에서 예수님은 회복케 하시는 능력을 실제로 보여 주셨습니다. 예수님은 사람들을 죄에서 구원하려는 하나님의 계획을 성취하셨습니다. 그렇기 때문에 제자들의 죄와 실패를 용서하실 수 있었고, 주님을 따르는 사명을 다시 위임하실 수 있었습니다. 예수님을 따르는 자로서, 우리는 죄와 실패를 넘어서 주님의 이름으로 위대한 일을 성취할 수 있도록 회복시키시는 주님의 능력을 믿습니다.

성 경

요한복음 21장 1~23절

HIS STORY

20~30분

포 인 트

예수님은 과거의 실패를 용서해 주시고, 주님을 다시 따를 수 있도록 기회를 주신다.

등 장 인 물

예수님(하나님의 아들, 성자 하나님)

제자들(예수님이 그분의 사역에 동참하고 복음을 전하게 하려고 선택하신 사람들)

메시지 좌표

지난 과에서는 예수님이 부활하신 후에 제자들에게 나타나신 이야기를 살펴봤습니다. 그런데 예수님이 붙잡혀 가셨던 그날 밤에 제자들이 왜 예수님을 버리고 도망쳤는지, 또는 왜 예수님을 모른다고 부인했는지에 관해서 논의하는 것은 보지 못했습니다. 그날 일어났던 일에 관해 대화하거나 예수님이 받으신 상처나 배신감을 표현하실 것이라고 기대할 수도 있습니다. 하지만 예수님은 제자들에게 실패감이나 두려움을 주는 대신에 은혜와 자비의 손을 내미셨으며, 사명을 이루어 가도록 다시 위임해 주셨습니다.

도 입

5~10분

예수님을 따르는 우리도 주님이 주신 사명을 깊이 생각할 때 종종 두 가지 문제에 봉착하게 됩니다. 그중 하나는 우리의 '무가치함'이며 다른 하나는 '희생'입니다. 우리를 보내신 주님께 불성실해질 때가 있기에 무가치함과 씨름합니다. 또한, 치러야 할 큰 대가 때문에 희생과도 씨름합니다.

종교개혁자 마르틴 루터는 자신의 무가치함을 깨달았습니다. 젊은 시절 수도사가 된 루터는 성찬식을 인도하다가 공포에 사로잡힌 자신을 발견했습니다. 그는 스스로 "신성한 왕을 향해 눈을 들어 두 손을 들고 있는 나는 누구인가? 나는 먼지요 재이며 죄로 가득할 뿐이지 않은가"라고 생각했습니다.

디트리히 본회퍼는 희생에 관해 아주 잘 알고 있었습니다. 1939년, 그는 자신에게 피난처가 되어 줄 미국의 안식처에 머물기를 거절하고, 히틀러 치하에 있는 모국 독일로 돌아갔습니다. 그는 다음과 같이 기록하고 있습니다. "내가 만일 이 시대의 시련을 내 백성과 공유하지 않는다면, 전쟁 후에 독일에서 그리스도인의 삶의 재건에 참여할 권리가 없을 것입니다."

예수님의 사명에 참여하기 위해서는 주님의 용서와 주님의 회복을 확신해야 합니다. 그리고 삶의 방향에 관한 주님의 주권도 확신해야 합니다. 부르심 때문에 고난을 받게 된다고 해도 말입니다.

▶ 무가치함을 느끼는 것과 예수님을 따르는 희생 중에서 어느 것이 사명을 감당하는 데에 더 큰 어려움이며, 그 이유는 무엇인가요?

얘들아, 아침부터 먹자

students

마태복음 4장 18~22절을 보면, 베드로와 다른 몇몇 제자들이 예수님을 따르기 위해 자신의 그물을 버렸습니다. 그런데 요한복음 21장을 보면, 제자들은 물고기를 잡는 곳으로 되돌아갔습니다. 요한복음에는 그들이 그렇게 한 이유나 과정, 또는 그것이 적절하거나 부적절했다는 평가가 없습니다. 그러나 그것은 예수님이 사명을 주어 보내신 제자들에게 기대할 만한 모습이 아니었습니다. 제자들은 부활한 왕이 함께해 주신다는 약속 가운데 자신의 정체성을 찾으려는 노력이 필요합니다.

도입 선택

예수님을 따르는 것이 언제나 쉬운 선택은 아닙니다. 칠판이나 보드에 '대가'라는 단어를 쓰십시오. 예수님을 따르느라 치렀던 대가를 각자 이야기하게 하십시오. 그러고 나서 성경에 기록된 그리스도의 제자들이 일반적으로 치렀던 대가의 목록을 열거하게 하십시오.

- *가장 두려움을 주는 '대가'는 무엇인가요?*
- *예수님의 명령을 온전히 따르지 못하게 유혹하는 대가는 무엇인가요?*
- *예수님을 따르는 데에 있어서 가장 유명한 '실패'를 성경에서 찾으면 어떤 것이 있을까요?*

우리는 삶의 여러 시점과 다양한 경우에 예수님을 따르는 것에서 실패할 수 있습니다. 때로는 과거에 예수님을 온전히 따르지 못했으므로 미래에도 온전히 따를 수 없으리라는 두려움을 느낄 수도 있습니다. 그러나 베드로가 예수님을 부인했던 것을 용서해 주시고 그에게 사역을 다시 맡겨 주셨던 것처럼, 예수님은 주님을 따르는 데에 실패한 것을 회개하면, 우리를 용서하시고 회복시키실 것입니다. 그리고 어떤 대가를 치르더라도 주님을 온전히 따르라고 명령하실 것입니다.

연 대 표

나를 따르라
FOLLOW ME
예수님이 모든 사람을 용서하시고, 믿는 사람을 부르시다.

가서 전하라
AS YOU GO....
땅끝까지 가서 사명을 완수하라.

승천하신 예수님
THE ASCENSION
예수님이 성령을 보내겠다고 약속하시다.

오순절에 임하신 성령님
PENTECOST
복음을 전파할 힘을 성령님이 주시다.

담대해진 제자들
COURAGE OF THE DISCIPLES
베드로와 요한이 기적을 행하고 담대하게 복음을 전하다.

나눔 공동체가 된 초대교회
COMMUNITY OF GENEROSITY
연합과 관대함을 교회가 보여 주다.

students

1그 후에 예수께서 디베랴 호수에서 또 제자들에게 자기를 나타내셨으니 나타내신 일은
이러하니라 2시몬 베드로와 디두모라 하는 도마와 갈릴리 가나 사람 나다나엘과 세베대
의 아들들과 또 다른 제자 둘이 함께 있더니 3시몬 베드로가 나는 물고기 잡으러 가노라
하니 그들이 우리도 함께 가겠다 하고 나가서 배에 올랐으나 그날 밤에 아무것도 잡지 못
하였더니 4날이 새어갈 때에 예수께서 바닷가에 서셨으나 제자들이 예수이신 줄 알지 못
하는지라 5예수께서 이르시되 얘들아 너희에게 고기가 있느냐 대답하되 없나이다 6이르
시되 그물을 배 오른편에 던지라 그리하면 잡으리라 하시니 이에 던졌더니 물고기가 많아
그물을 들 수 없더라 7예수께서 사랑하시는 그 제자가 베드로에게 이르되 주님이시라 하
니 시몬 베드로가 벗고 있다가 주님이라 하는 말을 듣고 겉옷을 두른 후에 바다로 뛰어 내
리더라 8다른 제자들은 육지에서 거리가 불과 한 오십 칸쯤 되므로 작은 배를 타고 물고기
든 그물을 끌고 와서 9육지에 올라보니 숯불이 있는데 그 위에 생선이 놓였고 떡도 있더라
10예수께서 이르시되 지금 잡은 생선을 좀 가져오라 하시니 11시몬 베드로가 올라가서 그
물을 육지에 끌어 올리니 가득히 찬 큰 물고기가 백쉰세 마리라 이같이 많으나 그물이 찢
어지지 아니하였더라 12예수께서 이르시되 와서 조반을 먹으라 하시니 제자들이 주님이신
줄 아는 고로 당신이 누구냐 감히 묻는 자가 없더라 13예수께서 가셔서 떡을 가져다가 그들
에게 주시고 생선도 그와 같이 하시니라 14이것은 예수께서 죽은 자 가운데서 살아나신 후
에 세 번째로 제자들에게 나타나신 것이라(요 21:1~14)

그때가 이른 아침 시간이었든, 해안에서 멀리 있었든, 또는 부활하신 주님을 알아보지 못한 또 다른 이유가 있었든지 간에(참조, 눅 24:16, 37), 제자들은 예수님을 눈과 귀로 알아보지 못했습니다. 배 오른편에 그물을 던지라는 '낯선 이'의 충고 덕분에 놀라운 성공을 거두고 나서야 그들은 예수님을 알아봤습니다. 예수님을 알아보고 "주님이시다!"라고 처음 말한 사람은 예수님이 사랑하시던 제자였습니다(아마도 사도 요한일 것입니다).

그 말이 베드로를 즉각적으로 행동하도록 부추겼습니다. 해변에 서 계신 예수님을 향한 베드로의 간절함은 제자들이 그들의 사명에 관해 확신을 잃거나 망설이긴 했지만, 예수님에게서 도망치거나 등을 돌리지는 않았다는 사실을 확인해 줍니다.

students

때가 되면, 예수님은 베드로와 이야기를 나누실 것입니다. 그런데 예수님이 제일 먼저 하신 일은 제자들의 아침상을 차리는 것이었습니다. 이 일은 매

우 큰 의미가 있습니다. 예수님은 그들에게 아침을 먹이시며 그분이 함께해 주심을 확인시켜 주셨고, 그들의 육체적 필요를 채워 주셨으며, 십자가로 향하기 전에 하셨던 것처럼 섬겨 주셨습니다.

예수님이 주시는 평안을 경험한 적이 있나요?

베드로야, 너는 나를 사랑하니?

예수님은 십자가에 못 박히시기도 전에 자신을 세 번이나 부인했던(요 18:15~27) 베드로에게 회복의 능력을 보여 주셨습니다. 요한복음은 예수님과 베드로 사이의 놀랍고도 가슴 설레는 대화를 기록하고 있습니다.

15그들이 조반 먹은 후에 예수께서 시몬 베드로에게 이르시되 요한의 아들 시몬아 네가 이 사람들보다 나를 더 사랑하느냐 하시니 이르되 주님 그러하나이다 내가 주님을 사랑하는 줄 주님께서 아시나이다 이르시되 내 어린 양을 먹이라 하시고 16또 두 번째 이르시되 요한의 아들 시몬아 네가 나를 사랑하느냐 하시니 이르되 주님 그러하나이다 내가 주님을 사랑하는 줄 주님께서 아시나이다 이르시되 내 양을 치라 하시고 17세 번째 이르시되 요한의 아들 시몬아 네가 나를 사랑하느냐 하시니 주께서 세 번째 네가 나를 사랑하느냐 하시므로 베드로가 근심하여 이르되 주님 모든 것을 아시오매 내가 주님을 사랑하는 줄을 주님께서 아시나이다 예수께서 이르시되 내 양을 먹이라 18내가 진실로 진실로 네게 이르노니 네가 젊어서는 스스로 띠 띠고 원하는 곳으로 다녔거니와 늙어서는 네 팔을 벌리리니 남이 네게 띠 띠우고 원하지 아니하는 곳으로 데려가리라 19이 말씀을 하심은 베드로가 어떠한 죽음으로 하나님께 영광을 돌릴 것을 가리키심이러라 이 말씀을 하시고 베드로에게 이르시되 나를 따르라 하시니(요 21:15~19)

예수님은 베드로가 '세 번 부인'했던 것에 맞춰서 '세 번 위임'해 주셨습니다. 이를 통해 베드로는 회복되기 시작했습니다(요 18:15~27; 21:15~17). 예수님은 베드로에게 세 번이나 "네가 나를 사랑하느냐?"라고 물으셨습니다.

예수님이 회개한 베드로에게 당부하신 것은, 목자가 양을 돌보듯이 예수님을 따르는 사람들을 돌봐야 한다는 것이었습니다. 엄청난 위임입니다. 양

> 을 돌보는 선한 목자이신(요 10:11~16) 예수님이 이제 베드로에게 그 책임을 맡기신 것입니다. 베드로는 예수님을 따르는 사람들을 돌봄으로써 예수님을 향한 자신의 사랑을 보여 줄 것입니다.
>
> 결국 베드로는 예수님처럼 양을 위해 자신의 목숨을 버렸습니다(참조, 요 10:11, 15). 하나님을 영화롭게 하는 것은 인생에서 가장 큰 소명입니다. 예수님은 마태복음 4장 18~19절에서 "나를 따르라"라고 하시며 베드로를 부르셨고 같은 말씀을 마지막으로 들려주셨습니다. 과거의 실패로 삶의 궤적을 정의할 필요는 없습니다. 또한 "나를 따르라"라는 말씀에는 죽을 때까지 제자도를 견지하라는 요구가 포함되어 있습니다. 이것은 주님의 은혜로운 용서와 회복으로만 가능한 일입니다.

알려진 대로, 결국 베드로는 예수님처럼 양들을 위해 자신의 목숨을 버릴 것입니다(요 10:11, 15절). 예수님은 베드로가 맡게 될 사역에는 죽음도 포함되어 있음을 알려 주셨습니다(요 21:18~19). 그렇습니다. 누군가가 그의 팔을 벌리고 묶어서 데려가리라는 말은 단순히 연약하게 된다는 뜻이 아니라 노년에 경험하게 될 훨씬 더 극적인 어떤 것에 관한 것입니다. 즉 오늘날 은퇴한 노인을 돌보는 것처럼 누군가가 베드로를 돌볼 필요가 있다는 것이 아닙니다. 그것은 처형장으로 가져갈 십자가에 팔이 묶여 있는 죄수를 묘사한 것이었습니다.

예수님의 십자가처럼, 베드로의 십자가도 패배가 아닌 승리의 상징이 될 것입니다. 하나님을 영화롭게 하는 것은 인생에서 가장 큰 소명입니다. 예수님을 따르는 사람 가운데 어떤 이에게 그것은 그리스도를 위한 죽음, 즉 순교를 의미합니다. 스스로 위로하거나 스스로 높이 여기는 것이 아니라 그리스도를 높이는 것이 가장 큰 소망이었던(빌 1:20) 바울은 결국 처형당했습니다. 베드로도 마찬가지였습니다.

베드로를 다시 세우시며 예수님이 해 주신 마지막 말씀은 "나를 따르라"(요 21:19)였습니다. 죽을 때까지 제자도를 굳게 지키라는 의미입니다. 이것은 주님의 은혜로운 용서와 회복으로만 가능한 일입니다.

다른 사람 말고, 나만 바라봐

베드로는 순교자로 죽을 때까지 한결같이 그 부르심에 대해 예수님께 질문했습니다. 부활한 왕을 따르고 섬기면서 직면하게 되는 어려움을 생각해 볼 때 이 질문은 우리도 드릴 법한 질문입니다. 바로 "이 사람은 어떻게 되겠습니까?"라는 질문입니다. 요한복음 21장 20~23절에는 예수님과 베드로의 대화가 계속 이어졌습니다. 이번에는 베드로가 예수님께 질문을 드렸습니다.

> 20베드로가 돌이켜 예수께서 사랑하시는 그 제자가 따르는 것을 보니 그는 만찬석에서 예
> 수의 품에 의지하여 주님 주님을 파는 자가 누구오니이까 묻던 자더라 21이에 베드로가 그
> 를 보고 예수께 여짜오되 주님 이 사람은 어떻게 되겠사옵나이까 22예수께서 이르시되 내
> 가 올 때까지 그를 머물게 하고자 할지라도 네게 무슨 상관이냐 너는 나를 따르라 하시더
> 라 23이 말씀이 형제들에게 나가서 그 제자는 죽지 아니하겠다 하였으나 예수의 말씀은 그
> 가 죽지 않겠다 하신 것이 아니라 내가 올 때까지 그를 머물게 하고자 할지라도 네게 무슨
> 상관이냐 하신 것이러라(요 21:20~23)

'예수님께서 사랑하시는 그 제자'란 아마도 요한일 것입니다(요 21:20). 베드로의 질문은 어느 정도 경쟁심에서 나온 말인 듯합니다. 베드로는 자신이 부딪히게 되는 일은 무엇이든지 요한도 부딪혀야 한다는 뜻으로 말했습니다. 만일 그것을 기꺼이 수긍한다면, 그것은 종종 우리의 질문이 되기도 합니다. 누구나 사람들은 자신이 다른 사람보다 더 견디기 힘든 십자가를 짊어지고 있는 게 아닌가 하는 의심이 들 때마다 공정한지 여부에 대해 예민해지기 때문입니다.

베드로에게 주신 예수님의 대답은 본질적으로, "요한에게 무슨 일이 일어나든지 네 알 바 아니다. 너는 내게 집중해라. 내가 너에게 분부한 것을 해라"라는 말씀이었습니다.

예수님을 따르는 사람 가운데 몇몇은 유독 더 큰 고난을 당하는 이유를 우리는 알지 못합니다. 예를 들면, 헤롯왕은 예수님을 믿는 사람을 해하려 했고, 심지어 요한의 형제 야고보를 칼로 죽이기까지 했습니다(행 12:1~2). 그 무렵 베드로는 감옥에 있었는데, 교회는 그를 위해 간절히 하나님께 기도했습니다(행 12:5). 결국 주님의 천사가 베드로를 구해 주었습니다. 그리고 베드로는 사역을 계속할 수 있었습니다(행 12:6~19). 왜 하나님은 베드로를 위해서는 예비해 주

셨으면서, 야고보를 위해서는 그렇게 하지 않으셨을까요?

그 해답은 '우리는 알 수 없다'입니다. 왜 요한은 노년에 평화롭게 죽고, 베드로는 순교해야 했을까요? 베드로가 했던 질문에 대한 답도 마찬가지입니다. 우리는 알 수 없습니다. 하나님은 우리에게 그것에 대해 말씀해 주지 않으셨습니다. 단지 주님의 대답은 주님을 따르는 일에 다시 집중하라는 것입니다. 그것이 진짜로 중요하기 때문입니다.

students

몇 년이 지난 후에 베드로는 극심한 고난의 시기에도 어떻게 예수님을 따르고 섬길 수 있는지에 관해 썼습니다. 첫 번째 서신에서 그는 예수님의 인도하심을 따르고, 의롭게 심판하시는 하나님께 의탁해야 한다고 하면서 사람들에게 도전했습니다(벧전 2:21~25).

신뢰할 것인가, 안 할 것인가 여부는 결정적인 차이를 만듭니다. 신실하신 창조주께 자신을 맡길 때, 계속해서 선을 행할 수 있습니다(벧전 4:19). 심지어 그리스도를 위해 고난에 부딪혔을 때도 그럴 수 있습니다.

알짬 교리 **99**

죄의 전가

예수 그리스도께서 십자가에서 죄인들을 용서하셨을 때, 우리의 죄는 우리를 대신해 죄가 되신 그리스도께 전가되었습니다. 우리의 죄는 그리스도께, 그리스도의 의는 우리에게 전가되었습니다(고전 1:30; 롬 5:17). 하나님 아버지께서는 그리스도를 믿는 사람들을 보실 때 그들의 죄를 보시는 것이 아니라, 이제 그들의 것이 된 그리스도의 의를 보십니다(롬 4:6).

그리스도와 연결

students

예수님은 제자들과 아침 식사를 하시면서 회복의 능력을 실제로 보여 주셨습니다. 예수님은 사람들을 죄에서 구원하시려는 하나님의 계획을 성취하셨습니다. 예수님의 십자가 사건으로 말미암아 제자들의 죄와 실패를 용서하실 수 있었고, 주님을 따르는 사명을 다시 위임하실 수 있었습니다.

5~10분

YOUR STORY

하나님이 들려주시는 이야기는 오늘을 사는 나와 늘 연결되어 있습니다. 아래 질문에 답하면서 성경 이야기가 내 이야기와 어떻게 연결되는지 생각해 봅시다.

▸ **예수님은 어떻게 자신의 능력을 드러내고 필요를 채워 주셨나요? 오로지 주님만이 대답해 주시고 채워 주실 수 있었던 상황을 겪은 적이 있었나요?**
이 질문에 관한 대답은 다양할 것입니다.

▸ **예수님은 어떠한 모습으로 자신의 백성에게 목자가 되어 주셨나요?**
먼저, 선한 목자이신 예수님은 체포되신 뒤에 제자들이 주님을 부인하고 버렸음에도 불구하고, 베드로와 다른 제자들을 찾으셨습니다. 예수님은 선한 목자처럼 자신의 양들에게 무엇이 필요한지를 알고 계셨으며, 인내와 은혜를 베푸시고, 보복하지 않으셨습니다.

▸ **예수님을 따르는 자로서 우리는 어떻게 '주님의 양'을 먹일 수 있을까요?**
예를 들면, 교회나 공동체에서 도움이 필요한 사람들을 섬기거나, 여름 성경학교에서 자원봉사를 할 수 있고, 친구들에게 하나님의 말씀을 전하며 격려할 수 있습니다.

▸ **그리스도인이 예수님을 따르기 위해 세상과 교회와 가정에서 치러야 하는 대가는 무엇일지에 대해 이야기해 봅시다.**
이 질문에 관한 대답은 다양할 것입니다.

하나님의 이야기
하나님이 그분의 아들
예수 그리스도를 통해
우리를 구속해 주신 이야기

우리의 이야기
우리의 이야기가
하나님의 이야기와
만나는 곳

YOUR MISSION

5~10분

생 각

하나님은 예수님을 따르는 다른 사람과 비교하지 말고, 우리가 어디로 가든지 우리에게 무슨 일이 일어나든지 상관없이 주님을 따름으로써 예수님을 향한 사랑을 나타내라고 하십니다. 우리에게 찰나의 고통이 찾아올 때, 비교하는 게임을 하지 않고, 영원의 통찰력을 가지려면 은혜가 필요합니다. 그러면 고통은 언젠가는 믿을 수 없을 만큼 작아질 것입니다.

- **그리스도 안에 있는 형제자매에게서 경쟁심을 느껴 본 적이 있다면 언제인가요?**
  이 질문에 관한 대답은 다양할 것입니다.
- **하나님이 사람들을 향해 각기 다른 계획을 가지고 계신 것에 대해 궁금해 하는 이유는 무엇일까요?**
  이 질문에 관한 대답은 다양할 것입니다.

마 음

'예수님을 따르라'는 명령에 순종하고자 할 때, 사람들은 종종 동사의 목적어보다는 동사 자체에 모든 주의를 기울인다고 해도 과언이 아닙니다. 다시 말하자면, '따르다'라고 했을 때, 우리는 삶에 수반되는 것들, 예를 들면, 잠재적인 불편함, 박해, 적대감 등과 같은 것에 더 많은 주의를 기울입니다. 물론 그런 것들이 주님을 따르는 것에 관한 실재가 될 수도 있습니다. 그러나 우리의 주된 관심은 따르는 행위에 있지 않고, 우리가 따르는 대상, 즉 예수님께 있습니다. 우리는 윤리적 규범이나 삶의 철학적 방식을 따르는 것이 아닙니다. 우리는 생명이신 주님을 따르는 것입니다. 오로지 주님께 주의를 집중할 때에야 비로소 예수님을 따르는 어려움에 관한 올바른 관점을 가지게 될 것입니다.

- **큰 희생과 엄청난 고통이 따를 때, 어떻게 해야 믿는 자들이 예수님을 따르고 섬기는 데에 집중할 수 있을까요?**
  믿는 자들이 어려운 시기에도 그리스도를 따를 수 있는 것은 오로지 삶이 가져다주는 고통을 능가하는 기쁨과 만족이 그리스도 안에 있음을 알기 때문입니다.
- **따라야 할 명령보다는 따라야 할 분께 초점을 맞추는 것이 중요한 이유는 무엇일까요?**
  명령에 초점을 두면, 단지 의무와 복종으로 이어질 뿐입니다. 그러나 우리가 따르는 분인 그리스도께 집중하면 행함에서 기쁨과 목적을 발견하게 됩니다.

행 동

과거의 실패로 삶의 궤적을 정의할 필요는 없습니다. 그리스도를 부인하는 무시무시함에서 돌이켜, 다시 헌신적으로 예수님을 사랑할 때, 주님은 우리를 용서하시며 우리에게 주셨던 그 사명을 재위임해 주십니다.

- **개인적으로 불신앙의 시기를 보내는 사람에게, 그리스도께서 베드로를 다시 위임해 주신 일은 어떠한 힘과 의미가 될까요?**
  이 질문에 관한 대답은 다양할 것입니다.
- **죄와 실패로 낙담한 누군가를 격려하고자 할 때 베드로가 다시 위임을 얻게 된 이야기를 어떻게 사용할 수 있을까요?**
  이 질문에 관한 대답은 다양할 것입니다.

다음 모임까지
스가랴 8~14장;
에스더 1~5장을
읽어 보세요.

11

땅끝까지 가서 해야 할 일이 있어

요 약

믿는 자는 우리에게 권한을 주신 부활한 왕 예수님의 권세로 모든 민족에게 나아가도록 부름 받았습니다. 우리는 부활한 왕 예수님을 선포함으로써 사람들을 제자를 삼아야 합니다. 구원의 능력은 예수님께만 있습니다. 하나님이 시작하신 선한 일을 예수님이 완성하실 것이며 결코 우리를 버리지 않으신다는 것을 알기에, 우리는 그리스도께서 명하신 모든 일에 순종하도록 다른 믿는 자를 가르쳐야 합니다.

성 경

마태복음 28장 16~20절

HIS STORY

20~30분

포 인 트

예수님은 모든 믿는 자들에게 땅끝까지 이르러 제자를 삼으라고 말씀하신다.

등 장 인 물

예수님(하나님의 아들, 성자 하나님)

제자들(예수님이 그분의 사역에 동참하고 복음을 전하게 하려고 선택하신 사람들)

메시지 좌표

예수님은 하나님 아버지께로 올라가시기 전에, 모든 민족을 제자로 삼을 수 있도록 제자들을 위임하셨습니다. 이것을 '지상 명령'이라고 합니다. 이는 모든 그리스도인이 진지하게 받아들여야 할 부르심입니다. 왜냐하면 믿는 자로서 매일의 삶을 어떻게 살아가야 하는지에 관한 가르침이 구체적으로 담겨 있기 때문입니다.

도 입

5~10분

스티브는 성격이 거칠고 무뚝뚝한 학생입니다. 그의 부모는 그를 돌보지도 못하고 하루 종일 일하지만 벌이가 시원찮았습니다. 그렇다면 스티브에게 필요한 것은 무엇일까요? 어쩌면 교회 행사 초대장이나 물건 교환권이 아니라 자신의 힘든 이야기를 들어주고, 옆에서 함께 걸어 주고, 일상을 나누며 하나님의 사랑과 선하심을 전해 줄 진정한 친구일지도 모릅니다. 어느 날 스티브에게 톰과 케빈이 다가와서 학교에서 함께 야구를 하며 시간을 보냈습니다. 그들은 성경에 관해 생각해 볼 수 있는 이야기를 끊임없이 들려주었습니다. 그들은 그리스도에 의해 그리고 그리스도와 함께 그들 자신을 드러내 보였고, 그 점이 스티브의 호기심을 자극했습니다.

결국 스티브는 그들에게 교회에 같이 가도 될지 물었습니다. 그들이 예전에도 스티브를 초대한 적이 있지만, 이번에는 스티브가 스스로 교회에 가고 싶어 했습니다. 그래서 그들은 스티브와 함께 교회에 갔습니다. 1년 후에 스티브는 세례를 받고, 예수님의 제자가 되었음을 선포했습니다. 톰과 케빈은 지상 명령에 순종하며 계속 사역해 나갔습니다.

▶ 톰과 케빈이 보여 준 행동 중에 쉬워 보이는 행동과 어려워 보이는 행동은 각각 무엇인가요?

도입 선택

예수님은 모든 제자에게(우리도 포함됩니다) 가서 제자를 삼으라고 하십니다. 때때로 '가라'라는 명령은 모든 것을 들고 세계로 나아가서 다른 사람에게 예수님을 전하는 것을 의미합니다. 우리 모두가 외국으로 떠나는 부름을 받은 것은 아닙니다. 일부는 가는 곳마다 만나게 되는 주변 사람에게 다가가도록 부름을 받습니다.

- *당신이 부름 받아 '가야' 할 곳은 어디일까요?*
- *그곳에서 사람들을 어떻게 제자를 삼을 수 있을까요?*

사람들은 종종 이미 자신에게 친숙한 사람, 이미 친구가 된 사람이나 같은 학교나 교회에 다니는 사람에게만 관심을 가지려는 유혹에 부딪힙니다. 처음에는 어색하더라도 말을 많이 나눠 보지 않은 사람이나 잘 알지 못하는 사람에게 관심을 보이도록 격려해 주십시오. 예수님은 우리가 누구에게 '가야' 하는지, 그리고 누구에게 가지 말아야 하는지에 관해 예외 사항을 두지 않으셨다는 사실을 상기시켜 주십시오.

하늘과 땅의 모든 권세를 내게 주셨단다

왕께서 무덤에서 부활하셨고, 죽음은 정복되었으니, 이제 주님은 제자들에게 명령할 준비가 되셨습니다. 제자들은 예수님이 갈릴리로 먼저 향하실 것이며 그곳에서 그들을 만나고자 하신다는 소식을 들었습니다(마 28:7).

students

> 16열한 제자가 갈릴리에 가서 예수께서 지시하신 산에 이르러 17예수를 뵈옵고 경배하나 아직도 의심하는 사람들이 있더라 18예수께서 나아와 말씀하여 이르시되 하늘과 땅의 모든 권세를 내게 주셨으니(마 28:16~18)

students

제자들은 그들이 기다려 왔던, 그리고 얼마 전에는 영원히 잃어버렸다고 생각했던 그분을 만나기 위해 갈릴리로 향했습니다. 그들은 예수님을 만나

연 대 표

가서 전하라
AS YOU GO....
땅끝까지 가서 사명을 완수하라.

승천하신 예수님
THE ASCENSION
예수님이 성령을 보내겠다고 약속하시다.

오순절에 임하신 성령님
PENTECOST
복음을 전파할 힘을 성령님이 주시다.

담대해진 제자들
COURAGE OF THE DISCIPLES
베드로와 요한이 기적을 행하고 담대하게 복음을 전하다.

나눔 공동체가 된 초대교회
COMMUNITY OF GENEROSITY
연합과 관대함을 교회가 보여 주다.

첫 번째 순교자
THE FIRST MARTYR
스데반이 자신의 삶과 죽음으로 예수님을 드러내다.

자 그분이 이미 예언하셨던 대로 경배를 드렸습니다. 그러나 17절에는 의심하는 제자도 있었다고 전하고 있습니다.

열한 제자 가운데 누가 의심했는지, 또는 갈릴리로 가는 제자들을 따라간 더 큰 무리가 있었는지는 명확하지 않습니다. 그런데 이 무리 중에 의심하는 자가 있었음은 분명합니다. 이 질문에 대해 확실하게 답하기는 어렵습니다. 그럼에도 불구하고 그 순간에 의심이 있었고, 굳은 마음이 있었음을 알 수 있습니다.

예수님은 그들에게 믿음이 없을지라도 흔들리거나 낙담하지 않으셨습니다. 제자들에게 전해 주실 사명에 초점을 맞추셨습니다. 예수님은 제자들에게 사명을 위임하시기 전에 자신의 능력을 견고히 하셨습니다. 하나님 아버지에게서 완전한 권위와 권능을 받으셨기 때문입니다.

본문처럼 예수님이 거룩한 권세를 가지신 것을 알려 주는 다른 성경 구절에는 무엇이 있을까요?

(이 질문에 대답을 못할 때에는 다음 구절들을 읽게 하십시오. 롬 14:9; 고전 15:27; 엡 1:9~10; 빌 2:9~10; 골 2:9~10)

예수님께는 최고 권세가 있습니다. 하나님은 예수님을 높이셨고, 부활로 예수님의 권위와 능력이 충분히 증명되었습니다. 그리스도는 만물의 머리이십니다. 마태복음의 마지막에 이르러, 예수님은 제자들에게 주님의 권세로 세상으로 가라고 명령하십니다. 그들은 세상을 향해 나아갔고, 우리 역시 자신의 능력이나 권세가 아닌 부활한 왕이신 예수님의 권세로 그리고 그 권세에 의해 나아갑니다.

> 의심과 투쟁을 해 본 적이 없는 그리스도인은 적어도 어느 수준에서는 자신의 믿음에 관해 (진실을 말하지 않은 죄 또는) 충분히 사고하지 않은 죄를 범한 것이라고 생각합니다. 진실로 예수 그리스도 안에 있는 사람에게는 우리 믿음의 대상이신 예수 그리스도께서 모든 의심을 패배시키는 확실한 토대이심에 틀림없습니다 (그러나 의심은 때때로 일어날 것입니다).
>
> 존 닐슨 Jon Niels

그러니 너는 가서 전하라

지상 명령은 이해하기 쉽고 기억할 만합니다. 예수님이 우리에게 주신 이 지상 명령의 가장 어려운 부분은 명령대로 살아야 한다는 것입니다.

students

그러므로 너희는 가서 모든 민족을 제자로 삼아 아버지와 아들과 성령의 이름으로 세례를 베풀고(마 28:19)

만물을 다스리시는 예수님의 뛰어난 권세를 이해하는 것이 제자들에게 중요했던 것처럼, 지금 우리에게도 여전히 중요합니다. 주님의 능력과 권위의 실재는 부활과 승천으로, 또는 성경에 기록되는 것으로 끝나지 않습니다. 그분의 나라와 권세는 영원합니다. 예수님은 자신의 권세에 관해 말씀하시고 제자들에게 위임을 시작하시더니 "그러므로 너희는 가서"라는 명령과 연결하셨습니다. 예수님을 죽은 자 가운데서 살리시고 은혜의 보좌에 앉히신 능력은, 우리로 하여금 가서 모든 민족으로 제자를 삼으라고 하신 부르심으로 살아갈 수 있도록 하는 능력과 동일합니다.

students

제자들은 '가라'는 지시를 받았습니다(마 28:19). 이것은 제안이 아니었습니다. 예수님은 그들이 갈 수도 있다거나, 짬을 낼 수 있다면 가라고 말씀하지 않으셨습니다. 분명하게 예수님은 그들이 반드시 지켜야 하는, 순종해야 할 명령으로 말씀하셨습니다. 부활의 왕이신 예수님이 그들에게 가라고 명령하셨습니다.

본문에서 '가라'라는 말은 단기 여행이나 장기 여행을 의미하는 동사입니다. 제자들은 말씀에 순종해야 합니다. 유혹이 그들뿐 아니라 우리도 기다릴 것입니다. 그러나 예수님은 "지금 너희가 심지어 죽음까지도 이겨 낸 나의 권능을 들었고, 내 권세를 보았으니 세상으로 가라. 그리고 죄 용서의 좋은 소식을 사람들에게 알리라"고 말씀하십니다.

그렇다면, 우리는 어디로 가야 합니까? 예수님이 제자들에게 모든 민족에게 가라고 명령하신 이유는 예수님이 온 세상을 다스릴 권세를 가지고 계시기 때문입니다. 아직은 모든 민족이 예수님께 순종하지 않지만 모든 민족, 모든 언어, 모든 나라가 예수님의 권위 아래 있습니다. 우리는 언젠가 모든 무릎이 예수님의 이름 앞에 꿇게 될 것이며, 모든 입이 예수님을 주라 시인하게 될 것이라는 말씀을 들었습니다(빌 2:10~11). 그러니 가야 합니다.

students

'가라'라는 말씀은 세상 사람과 민족 사이로 흩어지라는 뜻이며, 이는 우리에게도 동일하게 적용됩니다. 이 '부르심'은 고향과 친척을 떠나 잘 알려지지 않은 낯선 외국으로 떠나야 하는 다민족 및 다문화 선교에 초점이 맞추어져 있습니다. 그러나 주님은 어디로 가야 하는지를 정확히 말씀해 주지 않으셨습니다. 모든 사람에게 자신의 집을 떠나라고 명령하지도 않으셨습니다. 단순히 모든 민족으로 제자 삼으라고만 말씀하셨습니다.

그렇다면 우리는 외국에 가야 할까요? 아니면 길 건너편에 사는 이웃에게로 가야 할까요? 주님은 구체적으로 말씀하지 않으셨습니다. 그러나 우리는 제자를 삼으라는 부름이 곧 행동을 촉구하는 것임을 압니다. 그리고 예수님이 '모든 민족'이라고 말씀하신 것은 실수로 나온 말이 아닙니다. '모든'이란 그야말로 땅 위의 모든 곳을 아울러 말한 것입니다. 예수님은 한 곳도 빠짐없이 복음이 전해지기를, 주님의 이름을 모르는 땅이 없기를 원하셨습니다. 주님의 소원은 땅끝까지 복음이 선포되는 것입니다.

예수님은 우리가 모든 민족에게 복음을 전하여, 그들이 예수님이 십자가에서 완성하신 일을 믿고 신뢰하게 되면, 그 새로운 제자들에게 아버지와 아들과 성령의 이름으로 세례를 베풀라고 명령하십니다.

사도행전에 기록된 대로, 베드로는 주님의 명령에 순종했습니다. 예루살렘에서 무리에게 복음을 전할 때, 베드로는 "너희가 회개하여 각각 예수 그리스도의 이름으로 세례를 받고 죄 사함을 받으라 그리하면 성령의 선물을 받으리니"(행 2:38)라고 했습니다. 세례는 회개하고 믿은 다음의 일입니다. 세례는 예수님의 구원 사역을 믿는다는 표시입니다. 믿는 사람들의 마음에 행하신 일에 관한 선언이며, 믿지 않는 세상을 향해 희망이 왔음을 외치는 것입니다. 세례는 믿는 자의 내면의 변화를 밖으로 드러내 보여 주는 것이며, (죄의) 죽음에서 (예수님 안의) 생명으로 옮기는 것입니다.

세례는 선교를 위한 일상적인 부르심의 한 부분입니다. 전도나 제자 삼는 것이 선교를 위한 부르심의 한 부분인 것처럼 세례도 그렇습니다. 세례가 죄를 씻어 내지는 못합니다. 세례가 구원을 주는 것은 아니지만, 그리스도의 증인에게는 중요한 것입니다. 세례는 세상을 향해 예수 그리스도의 복음을 공개적으로 선포하는 것입니다.

세상 끝 날까지 너와 항상 함께 있을 거야

students

예수님은 제자들에게 말씀하셨습니다. 예수님이 제자들에게 주신 말씀은 가서 모든 민족에게 복음을 전하고, 믿는 자들에게는 삼위일체 하나님의 이름으로 세례를 주라는 것이었습니다. 그런데 마태복음 28장 20절을 보면, 이것이 사역의 끝이 아님을 알 수 있습니다.

students

> 내가 너희에게 분부한 모든 것을 가르쳐 지키게 하라 볼지어다 내가 세상 끝 날까지 너희와 항상 함께 있으리라 하시니라(마 28:20)

이번에도 예수님은 '모든'이라는 표현을 쓰셨습니다. 믿는 자에게 모든 것을 가르쳐 지키게 하라고 제자들에게 말씀하셨습니다. 그래서 그들이 구원자께 순종할 수 있도록 하라는 말씀입니다. 이것은 그들에게는 벅찬 일이었고 지금 우리에게도 벅찬 일입니다. 하지만 예수님이 권위와 권능으로 제자들을 가르치셨듯이 하나님은 우리에게도 동일한 가르침을 주셨음을 우리는 압니다.

세례는 예수님이 완성하신 사역을 믿는 사람의 삶에 믿음으로 선포하는 것이며, 순종은 그 증거입니다. 예수님은 "너희가 나를 사랑하면 나의 계명을 지키리라"(요 14:15)라고 말씀하셨습니다. 구원은 오직 믿음의 은혜로 가능하며 필연적으로 구원자께 순종하도록 인도합니다. 그렇다면 믿음이 들음에서 오는 것인데, 왜 우리는 한 사람만 믿어도 가르치기를 멈추는 것일까요?

students

예수님이 제자들에게 주신 이 지상 명령은 단순히 전도에만 국한되지 않습니다. 지상 명령에는 제자도 역시 포함되어 있습니다. 하나님은 그분이 시작하신 착한 일을 이루실 것이라고 약속하셨습니다(빌 1:6). 그리고 주님에 관해 배우고 주님께 순종하는 것을 통해 그 사역에 동참하라고 말씀하셨습니다. 더 나아가, 모든 그리스도인은 제자 훈련을 해야 합니다. 본문에서 볼 수 있듯이, 다른 사람을 가르치는 일에서 면제되는 사람은 없습니다(마 28:20). 우리는 모두 가서 그리스도 안에서 믿는 자들을 훈련하도록 부름 받았기 때문입니다.

알짬 교리 **99**

교회의 사명

교회는 십자가에 못 박혔다가 부활하신 왕 예수님에 관한 복음을 믿음으로써 연합된 백성을 가리킵니다. 또한 교회는 하나님 나라의 표시이자 도구입니다. 교회의 사명은 성령님의 권능으로 세상으로 나아가 다른 사람을 제자로 삼는 것입니다. 이를 위해 교회는 복음을 선포하고, 계속되는 회개와 믿음 가운데 다른 사람을 초대하고, 그리스도의 주권에 순복하여 하나님의 영광과 세상의 유익을 위해 삶으로써 복음의 능력과 진리를 나타내야 합니다.

가르침과 명령을 마치신 예수님은 사명을 혼자서 감당하게 두지 않을 것이라고 제자들에게 (그리고 우리에게도) 일깨워 주십니다. 주님은 제자들과 (그리고 우리와) 항상 동행하실 것입니다. 주님의 권능과 권위의 선언으로 시작되었고, 신실하신 주님이 세상 끝 날까지 그리고 영원히 함께하신다는 선언으로 마무리됩니다.

그리스도와의 연결

students

예수님은 성부 하나님께로 승천하시기 전에, "가서 모든 민족을 제자로 삼으라"라는 명령을 제자들에게 위임하셨습니다. 예수님의 권세 아래, 우리는 사람들에게 아버지와 아들과 성령의 이름으로 세례를 주고, 그리스도께서 우리에게 분부하신 모든 것을 그들에게 가르쳐 제자로 삼아야 합니다. 세상으로 나아갈 때 우리는 우리와 함께하겠다고 하신 그리스도의 약속을 신뢰해야 합니다.

5~10분

YOUR STORY

하나님이 들려주시는 이야기는 오늘을 사는 나와 늘 연결되어 있습니다. 아래 질문에 답하면서 성경 이야기가 내 이야기와 어떻게 연결되는지 생각해 봅시다.

- **어떤 두려움이 예수님이 주신 사명에 순종하지 못하도록 가로막고 있나요?**
  이 질문에 관한 대답은 다양할 것입니다.

- **하늘과 땅의 모든 것을 다스리시는, 실재하는 예수님의 권세가 그런 두려움들을 어떻게 극복하게 만드나요?**
  이 질문에 관한 대답은 다양할 것입니다.

- **지상 명령의 일부분인 세례의 중요성을 간과한다면 어떻게 될까요? 지상 명령에서 세례의 의미는 무엇일까요?**
  우리는 종종 지상 명령을 복음 전도로만 생각합니다. 그러나 앞서 공부한 대로, 지상 명령은 복음 전도 이상의 것입니다. 세례로 구원받지는 않습니다. 그러나 세례라는 행위를 통해 복음의 메시지가 선포됨으로써 예수님을 믿는 사람임이 공개적으로 드러나게 됩니다.

- **사람들에게 예수님의 명령을 가르치고, 그들이 순종하도록 격려할 수 있는 실용적인 방법은 무엇일까요?**
  이 질문에 관한 대답은 다양할 것입니다.

하나님의 이야기
하나님이 그분의 아들
예수 그리스도를 통해
우리를 구속해 주신 이야기

우리의 이야기
우리의 이야기가
하나님의 이야기와
만나는 곳

YOUR MISSION

5~10분

생 각

제자들은 가서 다른 사람을 제자로 삼으라는 명령을 받았습니다. 성경에 따르면 제자란 예수님처럼 살기 위해 예수님께 배우는, 예수님을 따르는 사람입니다. 그래서 예수님을 따르는 사람들은 가서 예수님을 따를 다른 사람들을 찾으라는 명령을 받습니다. 다시 말하면, 구원이 주님께 속했으며 오직 주님만이 구원해 주실 수 있음에도 불구하고, 주님이 구원 사역의 놀라운 역할을 우리에게 허락하셨다는 것입니다. 우리는 복음을 전함으로써 새 신자들을 제자로 삼고 그들을 기독교 세계관으로 무장시킵니다.

- **성숙한 믿음의 사람에게서 제자 훈련을 받아 본 적이 있나요?**
  이 질문에 관한 대답은 다양할 것입니다.
- **제자 삼는 일에 관해 서로 어떻게 격려할 수 있을까요?**
  이 질문에 관한 대답은 다양할 것입니다.

마 음

두려움 때문에 복음을 전하고 싶지 않다는 생각에 빠지기도 합니다. "무엇을 말해야 하나, 사람들이 받아들일까, 그들의 눈을 어떻게 쳐다보나, 폭력적으로 나오면 어쩌지?" 그러나 예수님께 초점을 맞추고 전할 때, 우리는 두려움에서 벗어날 수 있습니다. 예수님이 이렇게 말씀하셨기 때문입니다. "몸은 죽여도 영혼은 능히 죽이지 못하는 자들을 두려워하지 말고 오직 몸과 영혼을 능히 지옥에 멸하실 수 있는 이를 두려워하라"(마 10:28).

- **복음을 전하면서 의도와 달리 예수님 대신 자신을 전하게 되는 때는 언제인가요?**
  만약에 두려움이나 비웃음이나 무슨 말을 해야 할지 모르는 무지 등 말씀을 전하지 못할 이유에만 초점을 맞춘다면, 본질적으로 우리는 하나님과 하나님이 우리를 위해 하신 일을 자신에 관한 것으로 만들게 됩니다.
- **두려움을 느낄 때, 예수님의 권세가 어떻게 도움이 될까요?**
  이 질문에 관한 대답은 다양할 것입니다.

행 동

대부분의 사람들처럼 우리도 하루하루를 사느라 바빠서 그로 인해 궁극적인 사명을 잊을 수 있습니다. 위대한 보물이 담겨 있는 복음은 이 세상이 필요로 하는 최고의 그리고 유일한 소식입니다. 우리는 또한 우리와 항상 함께하신다는 예수님의 약속을 성취하는 성령님을 통해 하나님의 은혜 가운데 복음을 전할 능력을 받았습니다. 이제 우리는 가서 모든 민족을 제자로 삼을 기회를 주시길 하나님께 요청하고, 부활한 왕이신 예수 그리스도에 관해 전할 때 신실하고 담대할 수 있도록 기도해야 합니다.

- **사람들에게 복음을 전하여 제자로 삼기 위해 어디까지 가 보았나요?**
  이 질문에 관한 대답은 다양할 것입니다.
- **어떻게 하면, 공동체나 교회가 가서 모든 민족을 제자로 삼으라는 지상 명령을 수행하기 위해 서로 협력하고 지원할 수 있을까요?**
  이 질문에 관한 대답은 다양할 것입니다.

다음 모임까지
에스더 6~10장;
말라기 1~4장;
시 50편을
읽어 보세요.

THE GOSPEL PROJECT

12

이것은 헤어짐의 약속이 아니야

요 약

예수님이 죽은 자 가운데서 부활하신 지 40일이 지났습니다. 이제 하늘로 오르시어 천국에 들어가 하나님 아버지의 오른편 보좌에 앉으실 때가 되었습니다. 제자들에게 지상 명령은 이미 주셨고, 다시 오실 때까지 이 땅에서의 마지막이 될 말씀을 주실 것입니다. 예수님은 제자들에게 그들의 사명을 수행할 능력을 주실 성령을 보내겠다고 약속하셨고, 제자들이 땅끝까지 이르러 복음을 전할 때, 취할 사명의 단계를 미리 말씀해 주셨습니다. 마침내 예수님은 아버지께로 올라가셨고, 지금도 모든 피조물을 다스리시며, 동시에 다시 오실 때까지 자신의 백성을 위해 중보하십니다.

성 경

사도행전 1장 4~14절

HIS STORY

20~30분

포 인 트

성령님의 도움 없이는 하나님이 주신 선교 사명을 이룰 수 없다.

등 장 인 물

예수님(하나님의 아들, 성자 하나님)

제자들(예수님이 그분의 사역에 동참하고 복음을 전하게 하려고 선택하신 사람들)

메시지 좌표

제자들은 모든 민족을 제자로 삼으라는 명령을 예수님께 받았습니다. 예수님의 위임은 제자들에게 큰 과제이며 동시에 새로운 사역이자 사명이었습니다. 그렇게 거대한 규모의 일을 어떻게 성취할 수 있을까요? 예수님이 함께해 주실까요? 여전히 박해받게 될까요? 무슨 말을 할 것이며, 사람들은 왜 그들의 말에 귀를 기울이게 될까요? 머릿속에 어떤 질문이 떠오르든지 간에, 예수님이 지상에서 마지막으로 하신 말씀은 그들이 알아야 할 것들이었습니다.

도 입

5~10분

올림픽 경기는 전 세계에서 누구나 본다고 해도 과언이 아닐 것입니다. 인기가 있는 종목은 수영, 체조, 배구, 육상 경기 등을 꼽을 수 있을 것입니다. 사람들은 유명 선수뿐 아니라 올림픽을 대표하는 다른 경기에도 관심을 갖고 지켜봅니다.
각 경기에서는 메달 수상자가 결정되면 시상식을 통해 금메달, 은메달, 동메달을 선수들에게 수여합니다. 어떤 메달이든 영예롭습니다. 하지만 금메달을 좀 더 특별히 여기는 것은 그것이 1위를 나타낼 뿐만 아니라 금메달 수상자의 국가가 연주되는 동안 시상대에서 자신의 나라를 대표할 수 있기 때문입니다. 이는 그것을 지켜보는 사람에게도 엄청난 감동을 주는데, 때로 수상자들은 눈물을 흘리기도 합니다. 조국을 대표하는 것에 가슴이 벅차오르기 때문입니다.

▶ 올림픽 선수가 자신의 나라를 대표하는 것처럼, 우리도 일상에서 하나님 나라를 대표하는 백성인 그리스도인입니다. 그렇다면 과연 우리가 하나님 나라에 속한 사람인지를 알아볼 수 있는 분명한 표시는 무엇일까요?

도입 선택

이 과를 시작하기 전에 게임을 통해 지난주에 공부한 내용을 검토합니다. 게임을 하기 위해 똑같은 질문 카드를 두 묶음 준비하는데, 카드에 답을 꼭 적어 놓으세요. 질문은 다음과 같습니다.

- *지상 명령이란 무엇일까요?*
  - 가서 제자를 삼으라고 하신 예수님의 명령입니다.
- *제자들은 부활하신 예수님을 어디에서 만났을까요?*
  - 갈릴리.
- *예수님은 하늘과 땅에서 어느 정도의 권세를 가지고 있었을까요?*
  - 모든 권세.
- *예수님이 제자들에게 위임하신 세 가지는 무엇인가요?*
  - 가라, 제자 삼으라, 세례를 주라.

시작하기 전에 미리 예배실의 반대쪽 끝에 두 개의 탁자를 가져다 놓고, 탁자마다 의자를 한 개씩 놓아두십시오. 두 명의 자원자에게 시간을 재게 하고, 다른 두 명의 자원자에게 카드에 쓰인 질문을 읽게 하십시오. 참가자들을 네 개 팀으로 동등하게 나누고, 탁자마다 질문자 한 명, 시간을 재는 사람 한 명과 함께 두 개 팀을 배정하십시오. 두 팀에서 한 번에 한 명씩 교대로 나오게 해서 경기를 진행합니다. 30초 안에 가능한 한 많은 질문에 답해야 하며, 점수가 높은 팀이 이기는 게임입니다. 가능하다면, 우승 팀에 상을 주십시오.

하나님 아버지의 약속을 기다려라

3년간 예수님과 동행하고 예수님의 부활을 목격하고 지상 명령을 받은 후에 제자들은 예수님이 하나님 아버지께로 돌아가기 전에 지상에서 들려주시는 마지막 말씀을 듣게 되었습니다.

students

[4]사도와 함께 모이사 그들에게 분부하여 이르시되 예루살렘을 떠나지 말고 내게서 들은 바 아버지께서 약속하신 것을 기다리라 [5]요한은 물로 세례를 베풀었으나 너희는 몇 날이 못 되어 성령으로 세례를 받으리라 하셨느니라(행 1:4~5)

students

예수님은 부활하신 후 하늘로 올라가셨습니다. 그러므로 그 전에 이 땅에서 그분의 이름으로 사역할 제자들을 준비시켜 두고자 하셨습니다. 그래서 곧 임하게 될 하나님 아버지의 약속을 예루살렘에서 기다리라고 제자들에게 명령하셨습니다(행 1:4).

연 대 표

승천하신 예수님
THE ASCENSION
예수님이 성령을 보내겠다고 약속하시다.

오순절에 임하신 성령님
PENTECOST
복음을 전파할 힘을 성령님이 주시다.

담대해진 제자들
COURAGE OF THE DISCIPLES
베드로와 요한이 기적을 행하고 담대하게 복음을 전하다.

나눔 공동체가 된 초대교회
COMMUNITY OF GENEROSITY
연합과 관대함을 교회가 보여 주다.

첫 번째 순교자
THE FIRST MARTYR
스데반이 자신의 삶과 죽음으로 예수님을 드러내다.

에티오피아인 여행자
THE ETHIOPIAN TRAVELER
빌립이 복음의 메시지를 충실하게 전하다.

그 약속이란 무엇일까요? 예수님은 죄를 위한 완벽한 제물로서 십자가에 못 박혔다가 죽은 자 가운데서 부활하시어 죄에 치명타를 안기신 바 있습니다. 게다가 이미 몇 차례 나타나셔서 제자들과 대화하며 자신을 따르는 그들에게 사역을 위임하셨고, 사역을 계속해 나가도록 힘을 주며 격려하셨습니다. 그런데도 아직 남아 있는 아버지의 약속은 무엇일까요?

students

사도행전 1장 5절에서 예수님은 '아버지의 약속'을 설명해 주셨습니다. 삼위일체 하나님의 세 번째 위격이신 성령님을 곧 받을 것이라고 제자들에게 알려 주셨습니다. 성령님을 보내 주신다고 하는 하나님 아버지의 놀라운 약속인 세례는 예수님을 따르는 자라는 정체성을 영원히 규정해 줄 것입니다.

성령 세례는 세례 요한이 마태복음 3장 11절, 누가복음 3장 16절, 요한복음 1장 33절에서 말한 바대로 예수 그리스도를 믿는 모든 사람에게 주어집니다. 이러한 사실은 사도행전 2장에서 일어난 오순절 사건을 통해서 확증될 것입니다. 그런데 오순절 사건은 이처럼 신자 모두가 받는 성령 세례 이외에 영적으로 임하는 그리스도의 왕국을 전합니다. 이러한 사건은 역사적으로 시작되는 신약 교회의 사명을 위하여 교회에 부여하시는 성령 하나님의 은혜를 보여 줍니다. 오순절 사건이 있던 그때 신자는 성령의 충만을 받으며 담대하게 복음을 선포할 능력을 받습니다. 그들은 유월절을 지내러 여러 지역에서 모인 다양한 언어를 사용하는 수많은 유대인과 이방인을 위해 다양한 언어로 말하게 되는 초자연적인 선물을 받았습니다(행 2:1~11). 이것은 주님이 약속하고 그들이 기다리던 능력이었습니다. 바로 지상 명령에 순종하라고 부어 주신 성령이었습니다.

students

하나님의 때를 기다리며 어려움을 경험한 적이 있나요? 그 이유는 무엇이었나요?

본문에서 하나님이 제자들에게 주신 약속의 놀라운 점은 무엇인가요? 이 약속은 오늘 당신에게 무엇을 깨닫게 하나요?

오직 이것만 생각하렴

예수님이 아버지의 약속에 관해 말씀해 주시고 난 뒤, 제자들은 마침내 예수님이 이스라엘 왕국을 회복하실 때가 된 것인지 궁금해했습니다. 예수님은 이렇게 말씀하셨습니다.

students

6그들이 모였을 때에 예수께 여쭈어 이르되 주께서 이스라엘 나라를 회복하심이 이때니
이까 하니 7이르시되 때와 시기는 아버지께서 자기의 권한에 두셨으니 너희가 알 바 아니
요 8오직 성령이 너희에게 임하시면 너희가 권능을 받고 예루살렘과 온 유대와 사마리아
와 땅끝까지 이르러 내 증인이 되리라 하시니라(행 1:6~8)

예수님에게는 익숙한 질문이었습니다. 누가는 바리새인들이 다가올 하나님 나라에 관해 질문했던 것을 기록하고 있습니다. 예수님은 하나님 나라는 볼 수 있게 임하는 것이 아니라 이미 그들 가운데 임했다고 말씀하셨습니다(눅 17:20~21).

students

하나님 나라는 예수님과 관련 있습니다. 그 나라는 제자들과 함께 있어 왔고, 세상 끝 날까지 계속해서 함께할 것입니다(마 28:20). 그러나 오직 하나님만이 예수님이 재림하시는 때와 날을 아십니다. 그때 하나님 나라가 완전해지고, 하나님의 백성과 모든 피조물이 완전히 회복될 것입니다.

제자들은 종말을 소망했을 것입니다. 당시 그들은 피할 수 없는 박해의 시기를 살고 있었기 때문입니다. 그들의 친구이자 구원자이신 예수님은 바로 몇 주 전에 십자가에 못 박히셨습니다. 하지만 약속하신 대로 무덤에서 살아나셨습니다. 이제 그들은 성전이 있는 하나님의 거룩한 도시이자 왕의 보좌가 있어야 할 예루살렘 밖에서 부활한 왕을 만나고 있습니다. 그리고 그들은 다시 한 번 기다리라는 말씀을 듣습니다. 또한 세세한 것은 염려하지 말라는 말씀도 듣습니다. 그것들은 하나님의 특권이기 때문입니다.

students

예수님은 제자들이 알 길 없는 하나님 나라의 세세한 것으로부터 그들 앞에 당면한 사명으로 관심을 돌리게 하셨습니다. 사명을 감당할 때이기 때

문입니다. 예수님은 마태복음 28장 19절에서 제자들에게 "가서 모든 민족을 제자로 삼으라"라고 구체적으로 사명을 제시해 주셨습니다. 그 사명에 관해 사도행전 1장에서 더 자세히 설명해 주셨습니다.

예수님은 제자들이 모든 민족을 제자로 삼는 것에 관해 진지하셨습니다. 그들은 유대에서 복음을 선포할 뿐 아니라 예루살렘과 유대와 사마리아에서도 예수님을 전할 것이고, 필요하다면 '땅끝까지'(행 1:8) 갈 것입니다. 초대 교회 시대의 제자들이 제힘으로는 감당할 수 없는 사명이었지만, 홀로 나아가는 것이 아니라는 사실을 통해 그들은 위안을 얻을 수 있었습니다. 예수님은 그들과 함께하겠다고 약속하셨고, 육체가 아니라 영으로 아버지의 약속을 통해서 그렇게 하셨습니다. 그들은 성령님과 함께, 성령님의 능력으로 행했습니다. 우리 역시 예수님의 복음을 전하는 사명을 홀로 감당하지 않아도 된다는 사실을 알면 위로가 됩니다.

너희가 본 그대로 다시 오리라

예수님은 제자들에게 아버지께서 약속해 주신 선물을 기다리라고 권면하신 후, 땅끝까지 복음을 전파하는 것에 관해 예언하셨습니다. 그리고 하늘로 올라가시니 구름에 가려 보이지 않게 되셨습니다.

students

9이 말씀을 마치시고 그들이 보는데 올려져 가시니 구름이 그를 가리어 보이지 않게 하더
라 10올라가실 때에 제자들이 자세히 하늘을 쳐다보고 있는데 흰옷 입은 두 사람이 그들
곁에 서서 11이르되 갈릴리 사람들아 어찌하여 서서 하늘을 쳐다보느냐 너희 가운데서 하
늘로 올려지신 이 예수는 하늘로 가심을 본 그대로 오시리라 하였느니라 12제자들이 감람
원이라 하는 산으로부터 예루살렘에 돌아오니 이 산은 예루살렘에서 가까워 안식일에 가
기 알맞은 길이라 13들어가 그들이 유하는 다락방으로 올라가니 베드로, 요한, 야고보, 안
드레와 빌립, 도마와 바돌로매, 마태와 및 알패오의 아들 야고보, 셀롯인 시몬, 야고보의
아들 유다가 다 거기 있어 14여자들과 예수의 어머니 마리아와 예수의 아우들과 더불어 마
음을 같이하여 오로지 기도에 힘쓰더라(행 1:9~14)

students

예수님이 하늘로 올라가신 것은 단순한 한 사건에 불과했습니다. 그러나 이를 통해 제자들은 하나님이 그들과 함께하시며, 그분의 약속은 참되며, 예수님이 떠날 때의 모습 그대로 다시 오실 것임을 다시 한 번 상기할 수 있었습니다. 이것은 그들을 향하신 하나님의 은혜였습니다. 예수님은 구름 속으로 떠나셨고, 하늘의 구름을 타고 다시 오실 것입니다.

제자들을 위로하는 천사들의 말은 예수님이 하늘로 올라가신 모습을 암시합니다. 주님은 상처가 있는 육신 그대로 하늘로 올라가셨고, 신랑이 신부에게 오듯이 교회를 위해 다시 오실 것입니다.

놀랍게도, 하나님이자 사람이신 분이 영원토록 완전한 하나님인 동시에 완전한 사람으로 계실 것입니다. 예수님은 부활하신 몸 그대로 하늘로 올라가셨습니다. 하나님은 영이시므로 오른편 왼편이 없으시기에, 하나님 아버지의 오른편에 계신다는 말은 공간의 개념이 아닙니다. 하나님과 동등한 권세를 가지셨음을 뜻하는 말입니다. 그렇게 하늘에 오르신 그리스도께서는 영화로운 상태에서 계속 우리와 함께하실 것입니다. 주님은 육신을 벗어 버릴 권세가 있으셨음에도 우리를 향한 위대한 사랑으로 인해 죄를 뺀 나머지 모든 면에서 영원히 우리와 같이 되기를 선택하셨습니다(히 2:17~18; 4:15). 예수님이 승천하신 후에, 천사들은 예수님이 같은 모습으로 다시 오실 것에 대해 제자들에게 확언해 주었습니다.

students

제자들은 예수님이 자신들의 눈앞에서 보이지 않게 되자, 집으로 돌아와 서로 섬기면서 한마음으로 기도하고 기다렸습니다. 그들은 하나님의 약속이 참되다는 것을 알았기에 자신들에게 주어진 사명에 관해 염려하지 않았습니다.

> 그리스도의 영은 선교의 영입니다.
> 그분께 가까워질수록 더욱 열정적인 선교사가 됩니다.
> 헨리 마틴 Henry Martyn

본문으로 더 깊이

성경에서 '구름'은 하나님의 나타나심과 관련되어 등장합니다.

"여호와께서 그들 앞에서 가시며 낮에는 구름 기둥으로 그들의 길을 인도하시고 밤에는 불기둥을 그들에게 비추사 낮이나 밤이나 진행하게 하시니"(출 13:21).

"여호와께서 모세에게 이르시되 내가 빽빽한 구름 가운데서 네게 임함은 내가 너와 말하는 것을 백성들이 듣게 하며 또한 너를 영영히 믿게 하려 함이니라 모세가 백성의 말을 여호와께 아뢰었으므로"(출 19:9).

"애굽에 관한 경고라 보라 여호와께서 빠른 구름을 타고 애굽에 임하시리니 애굽의 우상들이 그 앞에서 떨겠고 애굽인의 마음이 그 속에서 녹으리로다"(사 19:1).

"말할 때에 홀연히 빛난 구름이 그들을 덮으며 구름 속에서 소리가 나서 이르시되 이는 내 사랑하는 아들이요 내 기뻐하는 자니 너희는 그의 말을 들으라 하시는지라"(마 17:5).

"그때에 인자의 징조가 하늘에서 보이겠고 그때에 땅의 모든 족속들이 통곡하며 그들이 인자가 구름을 타고 능력과 큰 영광으로 오는 것을 보리라"(마 24:30).

"그 후에 우리 살아남은 자들도 그들과 함께 구름 속으로 끌어올려 공중에서 주를 영접하게 하시리니 그리하여 우리가 항상 주와 함께 있으리라"(살전 4:17).

"볼지어다 그가 구름을 타고 오시리라 각 사람의 눈이 그를 보겠고 그를 찌른 자들도 볼 것이요 땅에 있는 모든 족속이 그로 말미암아 애곡하리니 그러하리라 아멘"(계 1:7).

알짬 교리 99

그리스도의 높아지심

그리스도의 죽음이 낮아지심의 궁극적인 예였다면, 그리스도의 부활은 높아지심을 보여 주는 영광스러운 첫째가는 예입니다. 하나님은 그리스도를 죽은 자 가운데서 살리시고, 아버지의 우편으로 올라오게 하심으로써 그분을 높여 주셨습니다. 그리스도께서 다시 오실 때, 모든 피조물이 그분을 높일 것입니다. 이 모든 것이 합쳐져서 그리스도의 영광과 존귀를 더 크게 할 것이며, 죄인을 구하신 그리스도의 은혜의 영광을 찬양하게 될 것입니다.

그리스도와의 연결

students

예수님의 승천과 하나님 우편에 앉으심은 시편 110편의 성취이며, 하나님이 예수님을 온 우주의 주로 보이셨다는 표징입니다. 하나님의 우편에 앉으신 예수님은 그분의 백성을 위해 중보하시며, 우리가 아버지께로 나아갈 수 있게 하시고, 인간이 온 세상을 다스리게 하신 본래 의도를 성취하십니다. 우리는 떠나셨을 때와 같은 모습으로 이 세상에 다시 오실 예수님을 기다립니다.

> 나는 나의 구원자로 온전한 그리스도를,
> 나의 책으로 온전한 성경을,
> 나의 동지로 온전한 교회를,
> 나의 선교지로 온 세상을 원합니다.
> 존 웨슬리 John Wesley

5~10분

YOUR STORY

하나님이 들려주시는 이야기는 오늘을 사는 나와 늘 연결되어 있습니다. 아래 질문에 답하면서 성경 이야기가 내 이야기와 어떻게 연결되는지 생각해 봅시다.

▶ **우리는 자신이 살아가는 동안 성령님이 필요하다는 사실을 왜 쉽게 간과할까요?**
다양한 답이 나올 텐데 거기에는 다음과 같은 내용이 포함될 수 있습니다. 성령님의 역할을 대수롭지 않게 여기는 사람이 많이 있습니다. 성령님이 필요하다는 것을 깨닫지 못하거나, 영적인 성장에 관한 성령님의 다양한 역할을 알지 못하기 때문입니다. 자기 자신과 개인의 능력에 의존하려는 경향으로 인해 우리는 살아가는 동안 성령님을 의지해야 한다는 사실을 쉽게 무시합니다.

▶ **제자들은 하나님 나라와 관련된 하나님의 계획이나 하나님의 때를 알지 못했습니다. 우리는 하나님의 계획이나 하나님이 일하시는 방법과 같은 삶의 신비를 어떻게 다루고 있나요?**
이 질문에 관한 대답은 다양할 것입니다.

▶ **제자들에 대한 예수님의 반응은 미지의 인생을 살아가는 우리에게 어떤 격려를 줄까요?**
이 질문에 관한 대답은 다양할 것입니다.

▶ **알 수 없는 일에 부딪힐 때, 예수님의 중보가 어떤 힘이 되나요?**
이 질문에 관한 대답은 다양할 것입니다.

하나님의 이야기
하나님이 그분의 아들
예수 그리스도를 통해
우리를 구속해 주신 이야기

우리의 이야기
우리의 이야기가
하나님의 이야기와
만나는 곳

YOUR MISSION

5~10분

생 각

제자들은 약속의 성취를 확신하며 기다릴 수 있었습니다. 왜냐하면 하나님의 말씀은 진실하고 순전하며 확실하기 때문입니다. 그렇게 하겠다고 말씀하시면 반드시 하실 것입니다. 하나님의 약속은 우리의 약속과 같지 않습니다. 즉 우리는 어떤 것을 한다거나 어디로 갈 것이라고 약속할 수 있지만, 그 약속을 깨기도 합니다. 물론 항상 고의로 또는 악의적으로 약속을 깨는 것은 아닙니다. 상황이 그렇게 만들 때도 있습니다. 그러나 하나님은 상황의 통제를 받지 않으십니다. 하나님이 약속하셨다면, 그것을 이루실 것입니다.

- **우리의 세속적인 관점은 하나님의 약속을 바라보는 관점에 어떤 영향을 미칠까요?**
  이 질문에 관한 대답은 다양할 것입니다.
- **하나님이 약속을 신실하게 지키시리라는 믿음에 방해가 될 수 있는 것은 무엇인가요?**
  이 질문에 관한 대답은 다양할 것입니다.

마 음

예수님이 떠나시자, 제자들은 곧바로 계획을 세우려고 하지 않았습니다. 종종 우리의 준비는 바쁘고 치열하며 심지어 정신없어 보이기까지 합니다. 그러나 예수님을 따르는 자들은 그렇지 않았습니다. 그들은 성령님을 고대하며 앉아서 기도했습니다. 그들은 믿음과 단호한 결심과 사랑으로 하나가 되었습니다. 그래서 그들은 기다리고 휴식하면서 다가올 일을 위해 기도했습니다. 예수님은 그들에게 사명을 주셨고, 놀라운 선물이신 성령님은 그들을 통해 (또한 우리를 통해) 그 사명을 이루기 위해 강력하게 일하실 것입니다.

- **삶의 어떤 영역에 대해 불안해하며 하나님과 그분의 약속을 믿지 못하고 있나요?**
  이 질문에 관한 대답은 다양할 것입니다.
- **그런 일에 부딪히면, 어떻게 반응해야 할까요?**
  한 가지 방법은 하나님께 믿음의 은혜를 구하는 기도를 드리고 나서 주님의 약속을 확신하는 것입니다. 또 다른 방법은 제자들이 믿는 사람들과 함께 둘러앉아서 하나님이 행하시기를 기다렸던 것처럼 하는 것입니다.

행 동

예수님은 성령님이 오실 때, 즉 성령님이 임하실 때(행 1:8) 제자들이 권능을 받게 될 것이라고 말씀하셨습니다. 이것은 단순히 어떤 권력이 아니라 삼위일체의 세 번째 위격의 권능입니다. 그 동일한 권능이 예수님을 무덤에서 살아나게 하셨습니다. 성령님은 그리스도인이 예수님의 사역을 감당하기 위해 거룩하며 순종하며 신실하려고 할 때 그들을 돕습니다. 제자들이 경험했던 것처럼, 담대하게 복음을 말하고 선포하는 유일한 방법은 성령님의 권능을 받는 것이었습니다.

- **성경에 나타난 성령님의 권능에는 어떤 것이 있을까요?**
  이 질문에 관한 대답은 다양할 것입니다.
- **성령님의 능력을 힘입는 것이 지상 명령을 수행하는 데에 미치는 영향은 무엇일까요?**
  이 질문에 관한 대답은 다양할 것입니다.

다음 모임까지
에스라 7~10장;
느헤미야 1~4장을
읽어 보세요.